统计热点问题解读

本书编写组 编著

中国统计出版社
China Statistics Press

图书在版编目(CIP)数据

统计热点问题解读 / 本书编写组编著. —— 北京 ：中国统计出版社，2024. 8. —— ISBN 978－7－5230－0445－6(2025.5 重印)

Ⅰ. C8

中国国家版本馆 CIP 数据核字第 2024G656H0 号

统计热点问题解读

作　　者/本书编写组
责任编辑/佘竞雄
执行编辑/刘　晨
封面设计/黄俊杰
出版发行/中国统计出版社有限公司
通信地址/北京市丰台区西三环南路甲 6 号　邮政编号/100073
电　　话/邮购(010)63376909　书店(010)68783171
网　　址/http://www.zgtjcbs.com
印　　刷/河北鑫兆源印刷有限公司
经　　销/新华书店
开　　本/850×1168mm　1/32
字　　数/70 千字
印　　张/6.125
版　　别/2024 年 8 月第 1 版
版　　次/2025 年 5 月第 4 次印刷
定　　价/25.00 元

《统计热点问题解读》编写组

顾　问： 康　义　盛来运

主　编： 刘爱华

编　委： 刘玉琴　徐荣华　王文波　赵同录
汤魏巍　胡汉舟　翟善清　于建勋
王萍萍　张　琳　王贵荣　王有捐
张　毅　彭永涛　刘文华　张　洋
赵国华　王冠华

编　辑： 周　平　鲍俊平　董　辉　江明清
龙启敏　李玉红　刘　天　周晶晶
沈丽文　刘　桦　冯　雪　庄雅娟
路　爽　魏胜广　陈璐洋　杨　萌

撰稿人（按姓氏笔画排序）：

王　冉	王月香	王依樊	王梦琪
王媛媛	王嘉鑫	毛欣桐	包训宇
冯志方	宁　露	朱丽惠	刘　畅
刘旭玲	闫子英	孙腾蛟	李　娜
李　琰	李桂芝	李钰琦	杨　华
肖　雪	邹　婷	张　楠	张　鹏
张　磊	张　儒	张亚楠	张珍琴
张嘉佩	陈　航	陈振楠	罗秋实
岳辰光	周小宁	周游来	孟繁宇
赵　倩	赵利婧	施凤丹	洪富江
袁　彦	高雅洁	郭　徽	郭晓雷
常　颉	寇　迪	彭　怡	彭丽荃
董莉娟	董嘉新	蒋　睿	韩　宇
韩　迪	韩京利	霍丽慧	魏媛媛

编者说明

统计是经济社会发展的重要综合性基础性工作，统计数据是国家宏观调控的重要依据，也是服务社会各界生产生活等众多方面的重要工具。随着互联网的飞速发展和大数据时代的到来，统计的重要性日益提高。海量数据渗透进生产生活当中，公众对统计数据关注度日益提升，但统计数据宏观性强、专业性强、涉及范围广，如何让统计更好服务社会各界是我们的努力方向。统计指标所代表的真正含义是什么？公众应如何正确看待统计指标？如何确保数据分析的准确性和客观性，避免统计数据的误读误用？这些问题成为当下统计科普工作亟待解决的新课题。

为此我们编写了这本《统计热点问题解读》，力求以深入浅出的方式，引领读者跨越抽象概念的门槛，让统计学的应用触手可及。本书从统计指标概念到统计调查实践，再到当前社会普遍关注的统计热点问题，分四个篇章，通过专业的理论阐述和案例解析，力求通俗解答社会关切。希望此书能为您了解统计工作和统计指标提供帮助，我们将继续推进统计公开透明，为大家提供更好统计信息服务。

目 录

一、如何保障统计数据质量

二、如何开展统计调查

三、如何使用统计数据

四、如何看待统计数据

一　如何保障统计数据质量

统计数据质量是统计工作的生命线，高质量的统计数据是政府部门、企业和其他组织进行决策的基础，不断提高统计数据质量是政府统计部门职责所在。本部分聚焦统计数据质量这个核心问题，介绍统计部门在改进统计方法制度、完善统计标准、健全统计法治、强化统计基础工作建设和加强信息技术应用等方面的进展，通过构建更加完备的统计体制机制，不断提升统计数据质量。

1. 统计数据质量涉及统计调查制度、统计标准体系、数据采集方式、依法统计等方面，国家统计局如何保障统计数据质量？

统计数据质量是统计工作的生命线。当前，我国政府统计覆盖国民经济和社会发展各领域各方面，只有真实准确、完整及时的统计数据，才能更好服务宏观决策、社会发展和民生改善。国家统计局一贯高度重视统计数据质量，近年来采取了许多举措，取得了较好成效。

一是健全统计调查制度

建立统一、完整、适用的统计标准体系和科学、统一、规范的统计指标体系，构建科学、高效、节约的统计调查方法体系，努力提高统计工作的科学性、规范性。我国经济核算制度采用联合国等五大国际组织联合颁布的国民经济核算国际标准《国民账户体系 2008》，与国际统计规则接轨。目前，在经济、社会、环境等领域设立国家统计调查制度 44 项。

二是建立健全统计标准体系

目前已建立《国民经济行业分类》等 35 项统计标

准，为科学开展统计调查奠定坚实基础。2018 年以来，结合新产业新业态新模式发展，陆续制定了《生活性服务业统计分类（2019）》《生产性服务业统计分类（2019）》《农业及相关产业统计分类（2020）》《数字经济及其核心产业统计分类（2021）》《现代服务业统计分类》等一系列统计标准，为精准监测经济高质量发展提供保障。当前，国家统计局深入研究经济发展新形态和统计工作新要求，充分征求各地区和相关部门意见建议，研究修订统计单位划分办法及相关规定，积极推动经营主体活动发生地统计，为全国统一大市场建设提供高质量统计服务。同时，跟进联合国国际标准行业分类修订进程，加强与国家标准委沟通联系，组织开展国民经济行业分类及相关派生产业统计分类的修订工作。

三是着力改进完善数据采集方式

建立专业统一、使用方便的数据采集处理软件平台，建设统一完备、及时更新的统计数据库体系。完成统计云管理平台和技术平台开发建设，基本建成覆盖统计业务全流程、支撑绝大部分统计业务的信息化应用体系，主要统计调查业务基本实现全流程电子化、网络化。同时，深化统计大数据应用，积极推动价格统计调查数字化转型，深化卫星遥感和传感器技术在农业和畜牧业统计调查中的应用，强化第三方支付、网上零售平台大数据在消费市场统计监测中的应用等。

四是建立统计数据质量管理体系

为强化国家统计质量管理，实现统计质量管理的科学化、标准化和规范化，确保统计数据真实准确，国家统计局印发了《国家统计质量保证框架（2021）》《统计业务流程规范（2021）》，从统计的真实性、准确性、完整性、及时性、适用性、经济性、可比性、协调性和可获得性等 9 个方面，确定了统计质量的评价标准，从确定需求、调查设计、核准备案、任务部署、数据采集、数据处理、数据评估、数据公布与传播、统计分析、项目评估等统计调查流程的 10 个环节提出了具体的质量控制要求。制定并印发《统计调查项目、改革方案、发展规划执行情况评估办法》，持续开展以第三方评估方式进行调查项目执行情况评估，为改进完善相关领域统计制度方法提供参考依据。制定并印发《统计源头数据质量核查办法（试行）》，结合工作实际制定各专业数据核查方案并开展核查工作。

五是纵深推进依法统计依法治统

目前，我国已形成以《中华人民共和国统计法》为龙头，由《统计法实施条例》《全国人口普查条例》《全国农业普查条例》《全国经济普查条例》《统计违法违纪行为处分规定》等法规规章组成的比较完备的统计法律制度；"统计造假"被纳入新修订的《中国共产党纪律处分条例》处分范畴；"落实统计监督发现问题整改情况"等内容被写入新修订的《中国共产党巡视工作条例》，为统计部门依法行政、依法统计提供强有力的法律保障。坚持问题导向，敢于动真碰硬，统筹开展常规统计督察、专项统计督察和统计督察"回头看"，压紧压实各地区各有关部门防范和惩治统计造假、弄虚作假责任，依规依纪依法严肃查处各类统计违纪违法行为。强化统计领域信用建设，通报重大统计违纪违法案件，曝光典型案例，引导和督促企业严格遵守统计法，真实准确完整及时提供统计数据，积极营造依法统计诚信统计良好氛围。

【拓展阅读】

国家统计标准

《统计法》40周年|《统计法》——统计工作的根本法（2023年12月刊发于统计微讯）

2. 源头数据是统计工作的基础,国家统计局采取哪些措施提高统计基层基础工作水平以确保数据质量?

统计数据来源于企业、个体经营户、住户等各类统计调查对象,统计工作包括各级统计机构的数据采集、数据审核等各项工作环节,被调查对象数据的准确性以及统计机构工作的规范性是确保数据质量的重要基础。为加强统计基层基础建设,从源头上确保统计数据真实准确、完整及时,各级统计机构通过完善工作制度,创新方式方法,多措并举提高统计基层基础工作水平。主要采取了以下工作措施:

一是夯实统计基层基础

国家统计局印发了《关于进一步加强统计基层基础建设的意见》,提出夯实地方政府、部门、企业事业单位统计工作的法定职责,以提高政府统计能力为根本目标,进一步加强县级及以下基层统计队伍建设,健全基层统计管理制度,完善基层统计业务规范,提升基层统计信息化水平,强化基层统计保障条件,为推进统计现代化改革提供强有力的基础支撑。修订印发《国家统计局调查队系统辅助调查员管理规定(试行)》,进一步规范辅助调查员选用管理工作。

【专栏:辅助调查员】

辅助调查员是指国家统计局各级调查队为完成统计调查任务,在核定的正式人员编制之外选用的直接从事或协助开展统计调查工作的全日制和非全日制人员。聘用辅助调查员主要是为了弥补政府统计机构人员力量的不足。辅助调查员是政府统计调查力量的重要补充,在政府统计调查体系中发挥着重要作用,具体职责包括:密切联系调查对象,向调查对象宣传统计法律法规,宣传引导调查对象配合政府统计调查工作;根据统计调查制度(方案)和调查业务工作规范的要求,按时完成统计数据及相关调查资料的采集、审核和上报工作;做好访问记录、数据核实记录等调查工作记录,并妥善保管调查工作资料;积极配合统计调查机构开展基础数据核实、执法检查、社会经济调研等工作;按时保质完成其他统计业务工作。

二是推进企业电子统计台账建设

企业数据报送的信息化建设是提升统计调查效能

和数据质量的重要途径。近年来国家统计局积极开发建设企业数据报送平台,运用信息化发展契机,深入研究当前企业数据、财务等管理系统,加快推进企业电子统计台账工作,促进现代信息技术与统计调查工作深度融合。2021年,印发《国家统计局关于全面推进企业电子统计台账工作的指导意见》,提出"十四五"时期企业电子统计台账建设目标和实施路径,并制定《企业电子统计台账模板》,全面推广企业电子统计台账,规范企业统计数据生产流程,减轻企业统计负担,提高源头数据质量。

【专栏:企业统计台账和联网直报】

企业电子统计台账是企业报送高质量统计报表的基础工作,当前使用的联网直报是调查对象向统计部门报送统计报表的一种方式,两者都是统计工作的重要内容。

企业统计台账是连接企业原始记录和统计报表的桥梁,是统计调查工作的重要基础。企业电子统计台账是企业统计台账的电子化表现形式,具有收集企业大量分散的生产经营原始记录,自动加工汇总统计指标,进而生成统计报表的功能,能够规范企业统计数据生产流程,提高源头统计数据质量,减轻企业统计工作负担。当前,此项工作正在探索推进过程中。

联网直报指的是统计调查对象通过互联网，将统计报表资料直接报送至国家统计平台。2012 年联网直报系统正式实施，改变了传统的统计报表报送方式，实现了统计数据采集、传输、处理等环节的网络化，大大减少了数据报送的中间环节，提高了数据报送的时效性和准确性。

三是支持和指导地方提升基层基础建设水平

加强各地基层基础建设经验做法交流，分析统计基层基础建设面临的新形势新问题，研究部署进一步加强统计基层基础建设的重点工作，推动各地互学互鉴，共同提高。指导地方统计机构认真贯彻落实国家统计局《关于进一步加强统计基层基础建设的意见》要求，结合本地实际开创性开展工作。同时，推动各地制定相关规范性文件，指导乡镇(街道)、村居(社区)、企业建设完善统计业务及管理工作制度。鼓励地方开拓创新，积极探索基层统计网格化管理、探索体制外用工等新模式，努力缓解基层人员力量不足等问题。

在各级统计机构的共同努力下，统计基层基础建设取得了长足的进步。一是地方党委政府支持力度越来越大。近几年，有超半数的省(自治区、直辖市)印发有关加强统计基层基础建设的文件，为推动统计基层基础建设提供了重要政策保障。各级政府持续加大对基层统计工作的投入，基层统计人员编制、经费保障等方面得到了很大改善。二是基层统计组织体系持续健全。各地创新思路，积极探索，不断深化基层统计网格化管理模式，县、乡、村统计工作得到明显加强，基层统计网络体系日益健全。三是基层统计人员力量不断增强。各地积极探索尝试，通过建立统计协管员制度等方式，缓解基层统计人员力量不足的问题。四是业务规范化程度越来越高。推动各地统计机构严格落实数据质量保证框架和业务流程规范要求，持续完善基层统计业务工作规章制度，加大规章制度执行力度，基层统计业务工作规范化水平不断提升。

【拓展阅读】

《国家统计质量保证框架（2021）》

3. 统计执法是保障统计数据质量和维护政府统计公信力的重要手段，那么统计执法的涵义、主体、检查事项和可采取的措施分别是什么？

关于统计执法的涵义

统计执法主要是指县级以上人民政府统计机构依照法定的权限、程序和方式，对公民、法人和其他组织在统计活动中贯彻执行统计法律法规、国家统计政令的情况进行监督检查，以及对统计违法行为进行查处等各类活动的总称。依法查处的统计违法行为包括统计造假、弄虚作假以及违背国家统计政令、违背国家统计调查制度、拒绝和抵制统计监督检查等。

关于统计执法的主体

根据《中华人民共和国统计法》(以下简称《统计法》)有关规定，国家统计局组织管理全国统计工作的监督检查，查处重大统计违法行为；县级以上地方人民政府统计机构依法查处本行政区域内发生的统计违法行为。但是，国家统计局派出的调查机构组织实施的统计调查活动中发生的统计违法行为，由组织实施该项统计调查的调查机构负责查处。根据《统计法》有关规定，县级以上人民政府有关部门应当积极协助本级人民政府统计机构查处统计违法行为，及时向本级人民政府统计机构移送有关统计违法案件材料。

关于统计执法的检查事项

根据《统计执法监督检查办法》，统计执法监督检查事项包括：地方各级人民政府、政府统计机构和有关部门以及各单位及其负责人遵守、执行统计法律法规规章和国家统计规则、政令情况；地方各级人民政府、政府统计机构和有关部门建立防范和惩治统计造假、弄虚作假责任制和问责制情况；统计机构和统计人员依法独立行使统计调查、统计报告、统计监督职权情况；国家机关、企业事业单位和其他组织以及个体工商户和个人等统计调查对象遵守统计法律法规规章、统计调查制度情况；依法开展涉外统计调查和民间统计调查情况；法律法规规章规定的其他事项。

关于统计执法可采取的措施

根据《统计法》有关规定，县级以上人民政府统计机构开展执法检查时，可以采取以下措施：一是发出统计检查查询书，向检查对象查询有关事项；二是要求检查对象提供有关原始记录和凭证、统计台账、统计调查表、会计资料及其他相关证明和资料；三是就与检查有关的事项询问有关人员；四是进入检查对象的业务场所和统计数据处理信息系统进行检查、核对；五是经本机构负责人批准，登记保存检查对象的有关原始记录和凭证、统计台账、统计调查表、会计资料及其他相关证明和资料；六是对与检查事项有关的情况和资料进行记录、录音、录像、照相和复制。县级以上人民政府统计机构履行监督检查职责时，有关单位和个人应当如实反映情况，提供相关证明和资料。

【拓展阅读】

《统计执法监督检查办法》

4. 统计监督是党和国家监督体系的重要组成部分，是政府统计工作的一项基本职能。国家统计局如何提升统计监督效能，更加有效发挥统计监督职能作用？

2021 年 8 月 30 日，中央全面深化改革委员会第二十一次会议审议通过了《关于更加有效发挥统计监督职能作用的意见》，规定统计监督是党和国家监督体系的重要组成部分，要求加快构建系统完整、协同高效、约束有力的统计监督体系，并提出了统计监督的五项主要任务。

（一）更加有效发挥统计督察压实责任、推动落实的保障作用

充分发挥统计督察在推动各地区各部门贯彻落实党中央、国务院关于统计工作重大决策部署和履行统计职责中的作用。健全督察整改落实体制机制，通过通报、约谈、专项督察等措施进一步压实整改责任。推动有条件的省、自治区、直辖市开展对市县统计督察。

【专栏:统计督察】

统计督察是统计监督体系的重要组成部分,是防范和惩治统计造假、弄虚作假的有效手段。2018 年 8 月,中共中央办公厅、国务院办公厅印发《防范和惩治统计造假、弄虚作假督察工作规定》,授权国家统计局组织开展统计督察,监督检查各地区各部门贯彻执行党中央、国务院关于统计工作的决策部署和要求、统计法律法规、国家统计政令等情况。2021 年 12 月,中共中央办公厅、国务院办公厅印发《关于更加有效发挥统计监督职能作用的意见》,明确提出统计监督是党和国家监督体系的重要组成部分,并将“着力提升统计督察效能”作为五项统计监督重点任务之一,要求充分发挥统计督察在推动各地区各部门贯彻落实党中央、国务院关于统计工作决策部署和履行统计职责中的作用,切实防范和惩治统计造假、弄虚作假,不断强化对统计领域公权力行使的监督。根据党中央、国务院授权,按照《防范和惩治统计造假、弄虚作假督察工作规定》《关于更加有效发挥统计监督职能作用的意见》要求,2019 年至 2021 年,国家统计局先后对 31 个省(自治区、直辖市)、新疆生产建设兵团和 12 个国务院部门开展常规统计督察,实现了对省级地区党委和政府的常规统计督察“全覆盖”;2022

年，为持续巩固首轮统计督察整改成效，进一步压紧压实各地区各部门防范和惩治统计造假、弄虚作假责任，选取5省（直辖市）和2个国务院部门开展督察“回头看”；2023年，首次对6省开展专项统计督察，同时对6省（自治区）和2个国务院部门开启了新一轮常规统计督察。通过开展统计督察，各地区各部门防治统计造假责任体系逐步建立健全，统计数据质量控制体系更加完备，统计管理体制机制和统计制度方法不断完善，一批统计违纪违法案件得到严肃查处，统计数据质量持续提升，统计工作科学性不断增强，统计监督职能作用更加有效发挥，在全社会进一步营造出敬畏统计法、遵守统计法、关心支持统计事业发展的良好氛围。

（二）更加有效发挥统计执法发现问题、严肃惩治的震慑作用

进一步拓宽统计违纪违法线索获取渠道，完善统计违法举报制度，严肃查处各类统计违纪违法行为，推动依规依纪依法追究统计违纪违法责任人责任，严格落实统计造假、弄虚作假“一票否决制”。进一步加大对统计违纪违法案件的通报曝光力度，强化统计领域信用建设。

【专栏:统计信用管理制度】

近年来,国家统计局深入贯彻落实党中央、国务院关于社会信用体系建设的决策部署,建立健全统计信用管理制度,稳步推进统计信用体系建设工作。

一是建立健全统计信用管理制度。按照《关于更加有效发挥统计监督职能作用的意见》和国务院办公厅《关于进一步完善失信约束制度构建诚信建设长效机制的指导意见》要求,国家统计局于2022年5月25日颁布实施《统计严重失信企业信用管理办法》(国家统计局令第35号),进一步明确了统计严重失信企业认定标准和程序,健全完善了自我纠错的信用修复机制,细化了救济和监督方式、流程,在依法依规开展失信惩戒的同时,切实保护企业合法权益。

二是依法依规认定统计严重失信企业并公示信息。截至2024年3月,各级统计机构对因提供不真实统计资料且情节严重的896家企业依法依规认定为统计严重失信企业。省级统计机构按要求将统计严重失信企业信息报送国家统计局,由国家统计局统一按规定推送至全国信用信息共享平台和国家企业信用信息公示系统,并在“信用中国”网站公示。

三是积极开展统计信用修复工作。加强对统计严重失信企业的日常监管，指导企业改正统计违法行为。明确修复方式和程序，提高信用修复效率，对于符合修复条件的，按照有关规定及时将统计严重失信信息移出统计机构门户网站，同步将修复信息推送至全国信用信息共享平台和国家企业信用信息公示系统。

（三）更加有效发挥统计监测评价量化评估、揭示风险的预警作用

充分利用国家、部门、地方常规统计调查和重大国情国力调查取得的数据，对各地区各有关部门贯彻落实经济社会发展重大决策部署执行中长期经济社会发展规划等情况，进行监测评价；健全完善统计监测评价体系，更加注重统计监测的客观性、预警性；巩固拓展地区生产总值统一核算改革成果。

（四）更加有效发挥高质量发展综合绩效评价实绩导向、精准考核的牵引作用

构建更加科学高效的体制机制，实现对各地区高质量发展情况进行定量评价。重点评价各地区推动高质量发展的总体情况，有效反映高质量发展进程中的优

势、成效和短板，重点监督领导干部在完整、准确、全面贯彻新发展理念，构建新发展格局，推动高质量发展等方面情况，引导各级领导干部树立和践行正确政绩观。

（五）更加有效发挥统计监督与其他监督有机贯通、相互协调的促进作用

主动融入党的监督体系，推动统计监督与纪律监督、监察监督、派驻监督、巡视监督、审计监督等其他各类监督方式统筹衔接、有机贯通、相互协调。加强统计机构与纪检监察机关和组织人事等部门的工作协调，把统计监督与党管干部、纪检监察、追责问责结合起来。建立统计机构与政府经济管理部门的协调联动机制，不断凝聚监督合力。

【拓展阅读】

用好统计督察“利器” 强化对统计领域公权力行使的监督（2022年7月刊发于《中国信息报》）

中共中央办公厅 国务院办公厅印发《关于更加有效发挥统计监督职能作用的意见》

5.“统计造假”被纳入《中国共产党纪律处分条例》处分范畴，对于防范和惩治统计造假有何意义？

统计造假是统计领域最大的腐败，严重违反统计法，严重影响统计数据质量，干扰甚至误导宏观决策，违背党的实事求是思想路线和求真务实的工作作风，损害党和政府公信力。2023 年 12 月，党中央印发修订后的《中国共产党纪律处分条例》(以下简称《条例》)首次将“统计造假”纳入党的纪律处分范畴，对于防治统计造假、提高统计数据质量、端正党风政风、促进统计事业高质量发展都具有重大而深远的意义。

加强了党对统计工作的全面领导

《条例》是最重要的党内法规之一，是全党必须遵守的行为规则。将“统计造假”纳入《条例》处分范畴，对直接责任者和领导责任者将依据情节严重程度给予警告直至开除党籍的处分，充分彰显了以习近平同志为核心的党中央坚持实事求是、反对弄虚作假的鲜明态度和坚定决心以及对统计工作的高度重视和坚强领导，必将促进党员领导干部深刻认识统计造假极端危害性和防治统计造假极端重要性紧迫性，增强防治统计造假的思想自觉、政治自觉、行动自觉。

强化了对统计造假行为惩治的纪法衔接

将“统计造假”纳入《条例》处分范畴，为追究干部统计造假纪律责任提供了直接明确的依据，有利于推动将《统计法》《统计法实施条例》《统计违法违纪行为处分规定》等统计法律法规和中央《关于深化统计管理体制改革提高统计数据真实性的意见》《统计违纪违法责任人处分处理建议办法》落到实处，实现纪法有效衔接，具有强大的震慑作用。

有利于更加有效发挥统计监督职能作用

统计监督是党和国家监督体系的重要组成部分，是政府统计的一项基本职能。将“统计造假”纳入《条例》处分范畴，强化对统计领域公权力行使的监督，坚决遏制“数字上的腐败”，更好地保障统计部门依法独立履行监测评价职能，客观真实反映各地区各部门贯彻落实党中央、国务院关于经济社会发展重大决策部署情况，提高统计监督的有效性。

【拓展阅读】

国家统计局有关负责人就“统计造假”被纳入《中国共产党纪律处分条例》处分范畴答记者问（2024年1月刊发于统计微讯）

6. 现代信息技术、大数据的运用是如何提高统计工作效率的?

现代信息技术高速发展为变革统计生产方式、提高统计生产力、重塑统计生产关系提供了不竭动力。通过统计云等统计信息化重大工程建设,现代信息技术在统计领域的应用不断深化,统计生产更加便捷,现代信息技术运用在提高统计数据生产效率中发挥了重要作用。

(一)系统登录实现门户权限统一

目前日常统计工作中要用到很多业务系统,如名录库、元数据、联网直报系统等等。过去需要分别访问不同的网址,输入各种账号密码,忘记网址、记错账号密码现象时有发生。通过建立统一门户,实现了统一的用户权限管理,用户在统一网址使用一个账号一个密码登录后,就能进入每个系统,实现用户一次登录一站式办理全部统计业务。

(二)数据采集方式实现多元化

根据调查对象和调查方式不同,建设联网直报系统、价格调查系统、住户调查系统等数据采集系统支撑完成统计数据采集工作，为调查对象提供电脑端、APP、小程序等多元化的数据填报方式，调查对象在线填报报表并通过网络直接报送国家统计局数据中心，极大提高统计数据生产效率。

（三）联网直报实现一个系统

自 2012 年联网直报系统正式上线运行以来，需要同时使用两个平台进行数据采集处理工作，制度定制、数据审核等工作需要分别在两个平台进行。通过统计云工程建设将两个平台整合成为统一的联网直报系统。系统上线后，调查对象使用一个系统填报统计报表，统计业务人员使用一个系统进行数据处理，将明显减少维护使用两个平台的重复劳动，显著提高统计工作效率。

（四）审核汇总实现自动化智能化

当前统计数据处理过程中，业务人员每完成一项数据审核，就需要进行模板审核、标记、验收等多个环节操作，重复操作流程较多。通过设计自动操作的机器人脚本，让程序完成部分重复性劳动，将有效减少数据处理工作量，统计数据生产向自动化、智能化方向迈出坚实一步。

（五）大数据成果实现落地见效

统计云工程建设从提高工作效率、解决业务难点出发,设计开发了多个大数据应用子系统,实现通过图片视频识别生猪数量、自动识别票据账目信息、自动进行行业职业赋码等功能,并提供了专门的工具,帮助用户在线完成大数据分析相关工作,推动大数据成果落地见效。

【专栏:统计云联网直报系统正式上线】

2024年8月1日零时,国家统计局统计云联网直报系统正式上线运行。统计云联网直报系统覆盖工业、能源、投资、贸易和重点服务业等专业50余项调查任务,目前共300多万家单位在线填报数据。统计云联网直报系统集成云计算、大数据、人工智能等现代信息技术,是首个打通统计业务全流程的统计信息化工程。不仅继承了原联网直报系统的总体布局、总体风格和逻辑体系,也照顾了用户长期以来的操作习惯,调查对象和统计业务人员经过简单培训后即可快速上手操作。与原系统相比较,统计云联网直报系统还具有更多的新功能和特点。

一是访问更便捷——用户通过访问一个网站、使用一个账号和一个密码,一次登录就能一站式办理全部统计业务。

二是体验更舒适——页面展示、用户操作等功能细节更加优化,操作步骤进一步简化,提供了更好的操作体验。

三是功能更创新——增加了很多用户迫切需要的功能，如自动数据审核、自动生成统计报告、指标拖拽式快速汇总等，大大提升了系统自动化水平，同时通过个性化配置的方式满足用户的个性化需求。

四是防护更安全——用户可选择提供密码、短信验证、数字证书等多种安全登录方式，系统符合等级保护三级建设要求，数据全程通过加密算法传输，有效保障了业务办理中的网络和数据安全。

统计调查对象可通过统计云互联网门户直接登录系统，在线完成统计调查报表的填写工作，无需再依赖纸质报表或现用系统。系统支持数据的实时报送功能，确保统计数据的时效性和准确性。可根据规定时间节点，及时上传相关数据，避免数据延误或丢失。系统内置智能审核模块，可对上报数据进行自动校验和审核，提高审核效率和准确性。系统提供全方位的技术支持和服务保障，包括在线帮助文档、视频教程、技术支持电话等，确保统计调查对象在使用过程中遇到问题时能够及时得到解决。

统计云联网直报系统的上线，在推动新技术运用上取得了新突破，有效发挥了信息化建设对统计高质量发展的引领、支撑和保障作用，进一步解放和发展了统计生产力，为深化统计现代化改革提供了信息化的有力支撑。

(六)数据资产实现集中管理

通过建立数据管理系统集中管理国家统计数据,按照使用场景建立分析库、共享库、资料库、发布库,为统计数据深度挖掘、分析演示、共享交换、公开发布及空间化管理分析打下基础,构建了“闭环”的统计数据管理流程。

(七)统计报告和资料编辑实现辅助化生成

统计云工程联网直报系统专门设计了根据汇总数据辅助生成统计报告、数据表格和 PPT 的功能,能够生成格式体例较为固定的报告和各种数据材料。同时,开发建设了数据编辑出版系统,实现在线编辑统计年鉴等工作,提升工作自动化和效率。

目前,国家统计局正在加快以数字化转型驱动统计现代化改革,未来将持续探索新技术融合发展空间,充分整合统计信息化建设已有成果,坚持需求导向,持续推动信息技术与统计业务工作的融合,提升统计工作网络化、数字化、智能化水平。

【拓展阅读】

“新”益求新丨当统计调查遇上新质生产力(2024 年 3 月刊发于统计微讯)

二 如何开展统计调查

统计是推进国家治理体系和治理能力现代化的一项重要基础性工作，统计调查内容也随着时代发展和各界对统计需求的改变而改变。随着我国经济迈向高质量发展，为更加及时全面反映经济社会发展新形势，我国统计调查不断改进完善。本部分将着重介绍近几年来我国统计调查的重要内容，反映统计与时俱进服务经济社会发展作用。

7. 我国经济迈向高质量发展，在统计标准和统计制度上采取了哪些措施及时监测反映经济转型发展状况？

随着我国经济从高速增长阶段转向高质量发展阶段，经济转型发展也对统计工作提出了新的要求。为服务我国高质量发展要求，为经济社会转型发展提供统计数据信息支撑，更好反映我国要素、产业、需求、动力转型情况，国家统计局研究制定相关统计标准，建立健全相关统计制度，及时反映我国经济转型发展新状况。

在统计标准方面

为科学界定新产业新业态新商业模式、战略性新兴产业、数字经济、现代服务业等统计范围，国家统计局先后出台了《新产业新业态新商业模式统计分类（2018）》（国统字〔2018〕111 号）、《战略性新兴产业分类（2018）》（国家统计局令第 23 号）、《数字经济及其核心产业统计分类（2021）》（国家统计局令第 33 号）、《现代服务业统计分类》（国家统计局令第 36 号）等统计标准。通过构建系统完善、规范适用、国际可比的国家统计标准体系，强化统计工作标准化、专业化建设，提高统计工作的科学性、规范性、统一性，为全面、准确反映我国高质量发展和经济转型发展过程中相关规模、速度、结构和质量等情况奠定基础，为国家进一步推动高质量发展和经济转型提供数据支撑。

在统计制度方面

2017 年，制定并实施《新产业新业态新商业模式统计监测制度(试行)》，且每年根据新形势新要求进行修订完善，为及时反映新产业、新业态、新商业模式发展情况，加快实现发展动力转换提供参考。2023 年，印发实施《数字经济统计监测制度(试行)》，且将有关调查内容纳入第五次全国经济普查方案，为系统反映我国数字经济发展的规模、速度、结构、效益以及数字经济发展新动能提供了制度基础。同年，建立碳排放统计核算制度，为碳达峰碳中和政策制定、工作推进等提供统计数据支撑；新建《城市高质量发展统计监测制度》《乡村振兴统计监测一套表制度》，全面反映城市、乡村经济社会高质量发展全貌。此外，国家统计局还开展了先进制造业和现代服务业融合发展统计监测、国家先进制造业集群统计监测等试点，对生产性、生活性服务业开展季度监测，修订完善实施国有、民营、中小微统计监测制度，更好地服务现代化产业经济发展;开展服务消费市场、服务零售结构等统计监测,更好服务扩大内需战略实施。一系列新的统计制度的建立与实施为及时、全面监测和反映经济社会发展新形势、新情况,服务高质量发展提供了坚实制度保障。

8. 农业调查是如何开展的？我国是如何实现粮食“二十连丰”的？

解决14亿多人的吃饭问题是中国最大的民生，也是中国最大的国情。真实准确的粮食产量数据是国家制定农业发展规划和相关政策的重要基础，这离不开科学严谨的统计调查方法。

农业统计调查方法

我国粮食产量统计调查采取主要品种抽样调查、小品种典型调查或全面统计相结合的方法统计。抽样调查的主要粮食品种有稻谷、小麦、玉米和大豆等，通过以省为总体抽选具有代表性的村和地块开展调查。粮食产量抽样调查由播种面积和单位面积产量抽样调查组成，播种面积与单位面积产量相乘得到总产量。

播种面积调查利用遥感影像、采取空间抽样技术抽选调查样本，在调查时点对样本地块内所有农作物进行清查，结合大范围卫星遥感测量，推算主要粮食作物的播种面积。粮食播种面积抽样调查以省为总体在国家调查县(市)中进行。全国共抽取近1万个样本村，每个样本村抽取3个面积约60亩的样方地块。在调查时节，由国家统计局各基层调查队调查人员和辅助调查员对样方地块内及其压盖的所有自然地块开展调查。各省级调查总队根据调查基础数据推算得出省级粮食播种面积。

粮食单位面积产量调查是采用实割实测方法，在抽取的面积调查地块中进行。在粮食作物收获前，基层调查员对相应粮食品种种植地块逐块进行踏田估产、排队，抽选一定数量样本地块做出标记。待收获时基层调查员按照制度要求在每个自然地块放置3—5个10平方尺的小样方，割取样本，再通过脱粒、晾晒、测水杂、称重、核定割拉打损失等环节，计算出地块单产。全国共抽取5000多个样本村、近3万个自然地块，各调查总队根据地块单产推算各地区单产。

为何能够实现粮食“二十连丰”?

自2004年起，我国粮食生产持续实现丰收。2007年、2010年、2012年粮食产量先后迈上1万亿斤、1.1万亿斤和1.2万亿斤台阶；2015年我国粮食产量再次跨越千亿斤台阶，达到1.3万亿斤以上。2023年粮食产量13908亿斤，连续9年稳定在1.3万亿斤以上，比2003年增加5294亿斤，累计增长61.5%，年均增长2.4%，实现“二十连丰”。粮食连续丰收充实了大国粮库，为保障粮食安全奠定了坚实基础。从统计数据看，这是对我国粮食生产取得历史性成就的真实写照。

第一，党中央一以贯之的强农惠农政策是根本所在

粮食安全是国之大者，党中央一直高度重视粮食生产，2004 年以来，连续二十年中央一号文件均聚焦三农领域；2006 年全面取消农业税，持续两千多年的皇粮国税从此成为历史，大大提高了农民种粮的积极性。党的十八大以来，以习近平同志为核心的党中央始终把粮食安全作为治国理政的头等大事，提出“确保谷物基本自给、口粮绝对安全”的新粮食安全观，实施“以我为主、立足国内、确保产能、适度进口、科技支撑”的粮食安全新战略，实行耕地保护和粮食安全党政同责，持续完善价格、补贴、保险“三位一体”政策体系，不断健全农民种粮挣钱得利、地方抓粮担责尽义的机制保障，充分调动了农民种粮积极性，粮食播种面积稳中有升。2004 年我国粮食播种面积恢复至 15 亿亩以上，2008 年超过 16 亿亩，2012 年重新迈上 17 亿亩台阶，并持续稳定在 17 亿亩以上。2023 年全国粮食播种面积 17.85 亿亩，比 2003 年增加 29337 万亩，累计增长 19.7%。二十年来，因播种面积增加增产粮食 1695 亿斤，对粮食增产贡献

率为 32%。

第二，粮食综合生产能力提升是关键支撑

我国深入实施“藏粮于地、藏粮于技”战略，紧紧抓住耕地和种子两个关键，不断改善农业生产条件。粮食作物良种基本实现全覆盖，累计建成高标准农田超过 10 亿亩，良种良法良机良田融合推进，综合防灾减灾能力不断增强，全国粮食单产稳步提高。2003 年我国粮食单产为 289 公斤/亩，2004 年突破 300 公斤/亩，2009 年我国开始实施了第一轮千亿斤粮食产能提升行动，2012 年粮食单产迈上 350 公斤/亩台阶，并在 2013 年、2015 年和 2019 年连续突破 360 公斤/亩、370 公斤/亩和 380 公斤/亩。2023 年实施新一轮千亿斤粮食产能提升行动，把粮食增产的重心放到大面积提高单产上，取得积极成效。2023 年全国粮食单产 390 公斤/亩，比 2003 年增加 100.9 公斤，累计增长 34.9%，年均增长 1.5%。因单产提升增产粮食 3600 亿斤，对粮食增产贡献率达到 68%。

第三，玉米等高产作物增加对粮食增产贡献大

近年来，为满足人民群众日益增长的多样化消费需求，我国粮食内部种植结构不断优化调整，从口粮作物为主逐步向口粮作物、食畜兼用等协调发展转变。分品种看，稻谷、小麦、玉米三大主粮均实现增产，但高产作

物玉米产量的快速增长,对粮食增产贡献最大。2023 年小麦播种面积 3.54 亿亩,比 2003 年增加 2445 万亩,增长 7.4%;小麦产量 2732 亿斤,比 2003 年增加 1002 亿斤,增长 57.9%。2023 年稻谷播种面积 4.34 亿亩,比 2003 年增加 3662 万亩,增长 9.2%;稻谷产量 4132 亿斤,比 2003 年增加 919 亿斤,增长 28.6%。玉米增加最多,2023 年玉米播种面积达到 6.63 亿亩,比 2003 年增加 30226 万亩,增长 83.7%;玉米产量达到 5777 亿斤,比 2003 年增加 3460 亿斤,增长 149.4%,玉米增产对粮食增产的贡献率达到 65.4%。

第四,粮食主产区发挥重要作用

近年来,在坚持粮食主产区、主销区、产销平衡区饭碗一起端、责任一起扛的同时,支持优势产区发展,农业生产区域布局日趋优化,粮食主产区优势逐渐彰显,为粮食连年丰收作出突出贡献。2023 年,13 个粮食主产区产量达到 10834 亿斤,占全国粮食总产量的 77.9%,比 2003 年提高 6.9 个百分点,对全国粮食增产的贡献率达到 89.1%。主产区中内蒙古、辽宁、吉林、黑龙江发挥的作用凸显,2023 年该区域粮食产量 3699 亿斤,占全国粮食总产量的 26.6%,比 2003 年提高 8.9 个百分点,增产量占全国总增产量 41.0%,这些地区也是“北粮南运”的主力军。

【拓展阅读】

夏粮好“丰景”，大国有“粮测”(2024 年 7 月刊发于统计微讯)

如数家珍！统计调查员带你认识粮食家族(2023 年 7 月刊发于统计微讯)

9. 畜禽业统计包括哪些内容？如何开展调查？

"猪粮安天下"。我国是世界上最大的肉类生产国，也是世界上最大的肉类消费国。以准确的统计数据指导畜禽生产保持在合理水平，是在我国人口规模巨大和大国小农基本国情下，既要维护农民生产效益、以产业兴旺推进乡村振兴，又要保障人民群众膳食营养需求，增强获得感、幸福感和安全感的必然要求。

畜牧业统计调查内容

畜牧业统计调查包括主要畜禽监测调查、生猪调出大县监测调查、非主要畜禽生产情况统计等。

2008 年起，国家统计局开展主要畜禽监测调查，对全国 31 个省、自治区、直辖市和新疆生产建设兵团所有畜禽养殖场(户)进行季度监测。采用以省为总体，对大型养殖场(户)全数调查和对非大型养殖场(户)抽样调查相结合的方式进行。监测内容包括主要畜禽(猪、牛、羊、家禽)存栏、出栏、产品产量及出售价格等情况。

2019 年起，国家统计局对全国 500 个享受国家财政奖励的生猪调出大县生猪生产情况按月度进行监测，以更及时了解生猪生产形势。生猪调出大县监测调查采用以县为总体的方式进行，调查方法与主要畜禽监测调查类似。

此外，还对非主要畜禽生产情况按年度进行统计，内容主要包括马、驴、骆驼、家兔等非主要畜禽的存栏、出栏及产品产量等情况。

畜牧业统计调查对经济社会作用

畜牧业统计调查点多、覆盖面广、代表性强，调查结果真实准确，及时有效地反映了畜禽生产形势和市场供求变化。畜牧业统计数据定期通过国家统计局官网和统计年鉴等资料对外公布。2021 年起，国家统计局与农业农村部等五部门联合建立生猪数据联合发布机制，在政府网站联合发布生猪生产、消费、价格、进出口和成本收益等全产业信息，为相关部门科学制定畜牧产业政策，为养殖户合理安排生产提供了有力数据支撑。

【拓展阅读】

【统计微课堂】新一轮畜禽监测调查开始啦！（2024 年 3 月刊发于统计微讯）

10. 如何通过统计监测反映乡村振兴发展情况?

民族要复兴,乡村必振兴。乡村振兴战略是以习近平同志为核心的党中央着眼中华民族伟大复兴全局作出的重大决策。党的二十大对全面推进乡村振兴作出战略部署。乡村振兴战略的高效实施迫切需要科学全面客观及时的统计监测支撑。2023 年中央一号文件明确要求加强乡村振兴统计监测。为贯彻落实党中央决策部署,2023 年国家统计局在原县域社会经济基本情况报表制度的基础上,建立起《乡村振兴统计监测一套表制度》,通过县、乡、村三个层面的指标全面反映乡村社会经济发展全貌,实现对乡村振兴战略实施情况的动态监测,为加快农业农村现代化、推进乡村全面振兴提供坚实统计保障。

乡村振兴统计监测包含哪些内容?

《乡村振兴统计监测一套表制度》包括《县(市)社会经济基本情况》《乡(镇)社会经济基本情况》《村社会经济基本情况》三级社会经济统计报表,是观测县乡村社会经济发展的重要基础数据。

统计内容包括基本情况、人口就业、财政、综合经济、农业、工业、交通通讯、贸易外经、固定资产投资、科教文卫、居民生活、社会保障、农田水利、集体经济、村组建设等指标，基本涵盖了农村经济、社会、政治、文化、生态文明和党的建设等各方面共 270 多个指标，统计范围为全国 31 个省（自治区、直辖市），其中县（市）年报调查对象是全国所有的县、县级市、旗和辖区范围内有一个及以上乡（镇）的区，2000 多个；乡（镇）年报的调查对象是全国所有的乡、镇和涉农街道办事处，约 3.5 万个；村年报的调查对象是全国所有的行政村和有农业经营活动的社区，50 多万个。

目前国家统计局依托乡村振兴统计监测一套表制度，按照产业兴旺、生态宜居、乡风文明、治理有效、生活富裕的总要求，选取了核心有代表性指标，构建了乡村振兴统计监测指标体系，并开展乡村振兴指数研究。下一步，国家统计局将根据乡村振兴统计监测一套表监测结果，科学测算全国、各地区、2000 多个县的乡村振兴发展指数，客观反映乡村振兴进展成效，查找并深入剖析存在的短板弱项，提出针对性意见建议。

【拓展阅读】

乡村振兴路上,这项调查工作从未停歇(2024 年 7 月刊发于统计微讯)

11. 工业战略性新兴产业对经济全局和长远发展具有重大引领带动作用，如何通过统计来反映工业新产业发展情况？

战略性新兴产业是以重大技术突破和重大发展需求为基础，对经济社会全局和长远发展具有重大引领带动作用，知识技术密集、物质资源消耗少、成长潜力大、综合效益好的产业，代表新一轮科技革命和产业变革的方向，是培育发展新动能、获取未来竞争新优势的关键领域。加快培育和发展战略性新兴产业对实现经济高质量发展具有重要战略意义。

工业战略性新兴产业包括哪些行业？

为满足统计监测战略性新兴产业发展情况的需要，国家统计局制定了《战略性新兴产业分类(2018)》。2023 年，依据《中华人民共和国国民经济和社会发展第十四个五年规划和 2035 年远景目标纲要》，同时参照《“十四五”国家战略性新兴产业发展规划》，国家统计局对《战略性新兴产业分类(2018)》中的工业部分内容进行进一步修订，将工业战略性新兴产业划分由八大类调整为九大类的同时，对目录中的产品进行迭代更新，明确技术标准，形成了《工业战略性新兴产业分类目录(2023)》，将工业战略性新兴产业划分为新一代信息技术、生物技术、新能源、新材料、高端装备、新能源汽车、绿色环保以及航空航天、海洋装备等九大产业。

工业战略性新兴产业如何统计?

以《工业战略性新兴产业分类目录》为基础，国家统计局开展了对工业战略性新兴产业的统计调查和监测工作，监测方法采用直接调查法和间接测算法。

直接调查法主要应用于工业战略性新兴产业年度监测。2014 年起，国家统计局建立并实施了工业企业战略性新兴产业总产值年报调查制度，该调查每年开展一次，调查范围为经认定从事战略性新兴产业产品生产的规模以上工业企业，调查指标为工业战略性新兴产业产值。调查范围内的企业通过联网直报平台选择其所生产的战略性新兴产业产品，填写产值，平台自动汇总生成产品所在行业产值、所在产业产值及该企业工业战略性新兴产业总产值。

间接测算法主要用于工业战略性新兴产业进度监测，目的在于减轻企业统计负担，具体方法为使用年报调查企业名录，利用这些企业填报的月度统计数据，测算有工业战略性新兴产业产品生产的规模以上企业的营业收入、出口交货值、从业人员等指标。

12. 数字经济是经济发展的重要力量，如何开展相关领域统计监测？

随着数字经济的蓬勃发展，数字经济日益成为推动经济发展的重要动力，准确测度数字经济发展规模成为统计核算工作迫切需要解决的问题。为此，国家统计局高度重视数字经济统计监测工作，近年来开展了一系列与数字经济相关的统计监测工作。

制定数字经济分类标准

数字经济是指以数据资源作为关键生产要素、以现代信息网络作为重要载体、以信息通信技术的有效使用作为效率提升和经济结构优化的重要推动力的一系列经济活动。数字经济紧扣三个要素，即数据资源、现代信息网络和信息通信技术，这三个要素缺一不可。

2021年5月，国家统计局出台《数字经济及其核心产业统计分类(2021)》，界定了数字经济的概念、范围以及与国民经济行业的基本对应关系，为开展数字经济统计监测奠定了基础。

分类基于《国民经济行业分类》(GB/T 4754—2017)

同质性原则，对国民经济行业分类中符合数字经济产业特征的和以提供数字产品（货物或服务）为目的的相关行业类别活动进行再分类，将数字经济产业分为数字产品制造业、数字产品服务业、数字技术应用业、数字要素驱动业、数字化效率提升业等五大类，其中前四类为数字经济核心产业的基本范围。

建立数字经济统计监测制度

2021 年，国家统计局组织天津、辽宁、江苏、重庆等省（市）统计局和广东省东莞市统计局开展数字经济统计试点工作，围绕单位认定、部门协作、数据分劈、统计核算等方面问题深入研究，为研究建立数字经济统计监测制度提供参考借鉴。2023 年，国家统计局印发《数字经济统计监测制度（试行）》，推动开展数字经济统计监测工作，以全面反映我国数字经济发展规模、速度、结构和效益。制度在充分利用国家常规统计调查和部门行政记录资料的基础上，针对数据缺口开展必要的补充调查，保证统计监测工作的科学性和有效性。

为更好反映我国经济发展数字化进程，在 2023 年开展的第五次全国经济普查中新增数字经济调查内容，如新增《数字经济活动情况》表，采集数字经济相关数据，以获得更加丰富的数据信息，也为后期进一步完善数字经济统计监测提供基础。

【拓展阅读】

《数字经济及其核心产业统计分类（2021）》（国家统计局令第33号）

13. 网上零售额是如何统计的？能否反映各大电商平台情况？

随着信息技术的快速发展，网络购物逐渐成为居民生活中的重要消费方式。为反映网上零售市场的发展状况，国家统计局2014年起建立网上零售统计监测体系，网上零售额逐步成为反映消费新业态的月度重要指标。

网上零售额是指通过公共网络交易平台（无论是商家自建的网站还是第三方平台）实现的商品和服务的交易总额。其中既包括淘宝、天猫、京东、拼多多等电商平台上实现的商品和服务交易额，也包括超市、百货等通过自建网站或APP实现的商品和服务交易额。

为确保统计监测的科学准确，国家统计局采用多种调查方法，对网上零售交易平台，如天猫、淘宝等大型平台的交易数据进行重点调查；同时，结合常规消费市场统计监测工作，运用全面调查和抽样调查等方法获取数据，并对以上来源数据进行综合测算。此外，在经济普查年份，依托全国经济普查，获取更为全面的信息，为常规网上零售统计工作奠定更为扎实的数据基础。

网上零售交易平台是消费者网络购物的重要渠道，对其进行统计调查是测算网上零售额的重要基础。国家统计局每月对重点网上零售交易平台进行调查，主要包括平台的基本情况、在平台上实现的商品类和服务类交易额等内容（涵盖自营和非自营销售）。目前，月度调查的网上零售交易平台约 80 家，基本覆盖了居民日常使用的网络购物平台。这就意味着，无论消费者是在淘宝上购买商品、在京东上比较价格、在拼多多上寻找优惠、还是在抖音和快手上直播购物，只要是在这些平台上形成了实际的购买行为，都会纳入调查范围。

在规模持续扩大的同时，网上零售市场的内容和业态不断丰富，直播带货、即时零售等新业态蓬勃兴起、快速发展。网上零售不再局限于传统的实物商品，旅游、餐饮、教育等在线服务消费也更加活跃。近年来，网上零售市场运行态势总体向好，成为消费市场发展的重要支撑点。

【拓展阅读】

《探班统计工作》开栏啦！揭秘网上零售统计背后的一点一滴（2024 年 7 月刊发于统计微讯）

14. 调查失业率是如何统计的？

调查失业率与经济增长率、物价指数和国际收支并称为四大宏观经济指标，是分析就业形势变化和宏观经济走势的重要依据。

如何获得调查失业率数据？

我国调查失业率是通过劳动力调查数据计算得到。劳动力调查是国务院批准建立的一项重要统计调查制度，由国家统计局负责组织实施。劳动力调查由经过专门培训的调查员手持电子终端设备(PAD)在每月特定时间内入户采集数据，通过网络直接报送国家统计局。国家统计局严格开展调查数据审核、验收管理，确保数据质量责任可追溯，并对报送的数据进行加权汇总，计算得到全国和各省城镇调查失业率等数据。

调查的对象包括谁？

目前，劳动力调查的调查对象是从我国 31 个省(自治区、直辖市)的城镇和乡村地域范围内随机抽选的住户，抽中户中在调查时点的现住人口(居住在本户的人口)和常住人口(包括本户人口中外出不满半年的人口)

均接受调查，不受地域、户籍、年龄等限制。样本量约 34 万户/月，城镇约 25 万户/月，乡村约 9 万户/月，覆盖全国 2800 多个区县，涉及约 2.1 万个社区/村。

调查包括哪些问题？

调查内容包括抽中住户的户信息、户内个人基本信息、工作情况和无工作情况等。从调查问卷所设项目看，包括两大部分，一是基本人口信息，包括受访者与户主关系、性别、出生年月、户口登记情况、受教育程度、婚姻状况等；二是劳动力市场状态信息，包括就业身份、工作单位、工作时间、就业行业、就业职业、未工作原因、未工作时间、是否寻找工作、寻找工作的方式、未寻找工作原因、当前是否能工作、不能工作的原因、失去工作前的工作单位与职业等。

这些内容是测算调查失业率的基础，也为了解劳动力市场相关情况提供了丰富信息。劳动力调查数据通过《中国统计年鉴》《中国人口和就业统计年鉴》《中国劳动统计年鉴》以及国家统计局网站等方式公布，大家可以了解到就业人员数量及其分布、城镇调查失业率等信息。

15. 农民工调查是如何开展的?

农民工统计监测工作是农民工工作的重要组成部分,是国家宏观把握农民工发展变化情况、科学制定农民工政策、全面服务农民工的重要基础性工作。

国家统计局开展两项农民工调查,一是2008年建立的农民工监测调查,从输出地农村的角度反映农民工的规模、流向和分布;二是2015年建立的农民工市民化进程动态监测调查(简称农民工市民化调查),从输入地城镇的角度反映新型城镇化进程中农民工现状以及基本公共服务均等化情况。

农民工调查的对象

按照《国务院关于解决农民工问题的若干意见》(国发〔2006〕5号)文件的要求,在充分考虑各方需求及基本共识的基础上,结合统计工作实际,明确了农民工的统计标准。农民工是指户籍在村委会,一年内在本乡镇地域从事非农活动或在乡镇以外从业6个月及以上的农村劳动力。主要包括两种情况:一是"离土不离乡"的本地农民工,即一年内在户籍所在乡镇地域以内从事非农活动6个月及以上的农村劳动力。二是“离乡不离土”和“离乡又离土”的外出农民工，即一年内在户籍所在乡镇地域以外从事农业或非农活动6个月及以上的农村劳动力。

农民工调查的组织实施

国家统计局负责制定两项农民工调查方案，组织开展调查，监督调查过程，审核处理调查数据，汇总发布调查结果。国家统计局派驻在各地方的直属调查机构负责现场调查、数据录入和初步审核，并将审核后的调查数据直接上报国家统计局。

两项农民工调查均使用统一的抽样框，采用分层、多阶段随机抽样方法抽选样本。农民工监测调查在全国31个省(自治区、直辖市)的农村地域，以省为总体，按照科学抽样方法抽取约8600个村、8.6万户作为调查样本，采用调查员入户访问的形式，按季度进行调查；农民工市民化调查在全国31个省(自治区、直辖市)的城镇地域，随机抽取4万户进城农民工样本，由调查员使用手持电子采集终端(PAD)，直接入户面访的形式采集数据。

农民工调查结果的发布

国家统计局根据农民工监测和农民工市民化调查

结果，定期发布农民工统计数据。作为农民工统计的官方数据，季度和年度数据不仅被国务院就业促进和劳动保护工作领导小组及成员单位在制定农民工相关政策时使用，每年定期发布的《农民工监测调查报告》也得到社会各界和媒体的高度关注和认可。

调查结果显示，2023 年全国农民工总量 29753 万人，比上年增加 191 万人，增长 0.6%。其中，本地农民工 12095 万人，比上年减少 277 万人，下降 2.2%；外出农民工 17658 万人，比上年增加 468 万人，增长 2.7%。年末在城镇居住的进城农民工 12816 万人。

【拓展阅读】

乘坐这趟列车，探寻农民工市民化调查（2023 年 10 月刊发于统计微讯）

16. 什么是投入产出调查？投入产出调查对于经济社会具有什么作用？

投入产出调查是经国务院批准的，每五年开展一次的大型基础性统计调查。调查主要内容是国民经济各行业重点法人单位的投入结构和固定资产投资构成情况。我国从1987年开始，每5年(逢2、7年份)开展一次全国投入产出调查，已先后开展了7次全国投入产出调查。

为适应经济社会发展的新形势，更好发挥供给使用表和投入产出表的国民经济核算框架作用，2023年，我国首次统筹开展全国经济普查和投入产出调查。两项调查同时开展，统一调查年份、统一设计方案、统一组织实施、统一数据采集上报，既能避免连续两年开展大型调查，优化调查项目，减轻基层整体负担，又能有效衔接经济普查总量数据和投入产出调查结构数据，是推进统计现代化改革的重要举措。

为什么要开展投入产出调查？

投入产出核算是国民经济核算的组成部分，旨在了解掌握国民经济各行业(产品)的投入和产出及其结构,以量化形式全面地反映全国及各地区经济结构、重要比例关系以及各行业(产品)之间经济联系。投入产出核算的主要内容是编制供给使用表和投入产出表,而投入产出调查取得的调查资料是编制供给使用表和投入产出表的重要资料来源。供给使用表和投入产出表还可以作为国民经济核算框架,对GDP生产、收入和支出三种方法核算结果进行衔接,为改进和完善国民经济核算提供重要依据。

投入产出调查有哪些重要作用?

投入产出调查在宏观经济管理和企业经营管理方面,具有重要作用。

从宏观经济管理方面讲,通过投入产出调查收集国民经济行业及部分产品详细的投入结构和投资结构数据编制的供给使用表和投入产出表,能系统地反映行业间的经济联系,广泛应用于产业发展和产业结构演变、全球价值链等领域的研究,为国家加强宏观经济管理、制定有关政策提供更加科学精准的数据支撑。

从企业经营管理方面讲,调查单位通过参与投入产出调查,可以全面了解本单位从生产投入到产品产出整个生产过程的成本费用、设备等各类资源利用情况,以及产品销售情况，全面认识本单位的生产经营状况，为企业生产经营管理提供有力的分析工具。

【拓展阅读】

统计有话说丨这个关于投入产出调查的访谈，干货满满！（2024年1月刊发于统计微讯）

17. 科技投入相关统计包括哪些内容？是如何开展的？

准确衡量和评价我国科技创新发展情况，反映科技自立自强建设进程，离不开科学规范的统计工作。我国科技统计始于20世纪80年代，经过多年发展已形成较为成熟的体系框架，其中研究与试验发展(R&D)经费及其投入强度，是衡量一个国家或地区技术创新投入规模及水平的重要指标，在国际科技创新领域的统计实践和宏观决策中得到广泛使用。随着创新驱动发展战略的深入实施和科技强国建设的深度推进，R&D经费及其投入强度已成为监测我国科技创新能力的核心指标，在宏观决策管理中发挥着越来越重要的作用。

R&D的基本概念和统计调查方法

R&D指为增加知识存量(也包括有关人类、文化和社会的知识)以及设计已有知识的新应用而进行的创造性、系统性工作。从定义上来说，R&D活动应当满足五个条件：新颖性、创造性、不确定性、系统性、可转移性(可复制性)。按照国际上对科学技术活动进行测度所使用的通用分类，R&D活动包括基础研究、应用研究和试验发展三种类型。

R&D经费是指报告期为实施R&D活动而实际发生的全部经费支出。R&D经费按使用主体分为内部支出和外部支出。内部支出是指报告期调查单位内部为实施R&D活动而实际发生的全部经费，外部支出是指报告期调查单位委托其他单位或与其他单位合作开展R&D活动而转拨给其他单位的全部经费。为避免重复计算，全社会R&D经费为调查单位R&D经费内部支出的合计。

R&D经费的调查采用全面调查、抽样调查和重点调查相结合的方式进行，规模以上工业，建筑业，交通运输、仓储和邮政业，信息传输软件和信息技术服务业，科学研究和技术服务业，水利环境和公共设施管理业，教育、卫生和社会工作，文化、体育和娱乐业等R&D活动较为密集的行业采用全面调查，政府属研究机构、高等学校采用全面调查；规模以下企业采用抽样调查；其他企事业单位采用重点调查。

为适应国际标准规范修订和我国企业新会计准则施行，2018年起国家统计局对各类企业R&D经费指标的统计方法和填报依据进行了改革，改革后企业依据会计账登记的研究开发会计科目以及研究开发项目资料填报相关基础数据，统计部门根据这些基础数据计算R&D经费。改革后源头数据采集更为贴近企业管理实际，与财政和税务等政策部门规定更趋一致，企业填报负担得到有效减轻，R&D经费统计方法也更为科学合理。

R&D经费统计如何实施

企业、各类研究机构和高等学校是我国R&D经费投入的三大执行主体，立足于国情，R&D经费统计由国家统计局、科学技术部、教育部等部门分工负责组织实施，国家统计局综合汇总发布。其中科学技术部负责政府属研究机构和相关非企业法人研究机构R&D经费统计，教育部负责高等学校及附属医院的R&D经费统计，国家统计局负责各类企业法人单位以及其他事业法人单位的R&D经费统计。

国家统计局作为政府综合统计部门，负责管理和协调各有关部门的R&D经费统计工作，组织各有关部门研究相关方法制度，制订《科技综合统计报表制度》和相关调查方案，综合汇总并发布全社会R&D经费等统计数据。各有关部门根据《科技综合统计报表制度》和相关调查方案要求，制定本部门统计制度，经报国家统计局审批后组织实施，并向国家统计局报送有关数据。

我国科技事业取得长足发展

随着经济实力跃升和创新驱动发展战略全面实施，我国研发经费投入持续快速增长。2023年，我国全社会R&D经费投入达3.3万亿元，按汇率折算，我国已成为仅次于美国的世界第二大研发投入国家。我国R&D经费投入强度(与国内生产总值之比)更是屡创新高，2023年提升至2.64%，R&D经费投入强度水平在世界上位列第12位，介于欧盟(2.1%)和OECD国家平均水平(2.7%)之间，与OECD国家差距进一步缩小。其中基础研究经费2212亿元，占R&D经费支出比重为6.65%，为我国原始创新能力的提升奠定坚实基础。

18. 文化及相关产业统计是如何开展的?

文化产业是国民经济的重要组成部分,在促进国民经济转型升级和提质增效、满足人民精神文化生活新期待、提高中华文化影响力和国家文化软实力等方面发挥了重要作用。文化及相关产业统计是反映文化产业发展现状和变化趋势、科学制定文化产业政策、规划文化产业发展蓝图的一项重要的基础性工作。

文化及相关产业主要内容

《文化及相关产业分类》是《国民经济行业分类》的派生分类。国家统计局于 2004 年首次颁布实施《文化及相关产业分类》,并多次修订调整,目前文化及相关产业定义是指为社会公众提供文化产品和文化相关产品的生产活动的集合,包括新闻信息服务、内容创作生产、创意设计服务、文化传播渠道、文化投资运营、文化娱乐休闲服务、文化辅助生产和中介服务、文化装备生产、文化消费终端生产等 9 个大类,涉及国民经济 156 个行业小类。

文化统计监测开展情况

经济普查年份对全部文化及相关产业法人单位(包

括企业、事业单位和其他单位)、文化个体户开展统计监测;非经济普查年份对规模以上文化及相关产业企业开展统计监测,对规模以下文化及相关产业企业、文化事业及其他单位开展抽样推算;季度仅对规模以上文化及相关产业企业开展统计监测。文化及相关产业统计不直接面向单位、个体户开展调查,而是在国家统计局定期开展工业、批发和零售业、服务业统计调查的基础上,共享文化及相关产业法人单位、文化个体户相关指标数据。文化及相关产业统计涵盖生产经营、就业用工、科技创新等监测领域。

文化及相关产业增加值核算

文化及相关产业增加值是指一个国家所有常住单位一定时期内进行文化及相关产业生产活动而创造的增加值。国家统计局利用文化及相关产业统计数据、经济普查数据及国民经济核算数据等资料,按照收入法核算年度文化及相关产业增加值、增速、占国内生产总值(GDP)的比重等,分行业、领域、地区核算文化及相关产业增加值结构数据。

文化及相关产业蓬勃发展

我国文化产业发展从探索、起步、培育的初级阶段,进入到全面提升新阶段,文化产业发展总体平稳,生产经营规模持续扩大，新业态带动作用进一步增强。2022年，我国文化产业实现营业收入165502亿元，比2018年增加35316亿元，年均增长6.2%[1]。其中，文化新业态特征较为明显的16个行业小类[2]实现营业收入50106亿元，比2018年增加25835亿元，年均增长19.9%，年均增速快于全部文化产业13.7个百分点。2022年，文化新业态行业营业收入占全部文化产业营业收入的30.3%，占比首次突破30%，比2018年提高11.7个百分点。经核算，2022年全国文化产业增加值为53782亿元，占国内生产总值(GDP)的比重为4.46%。

【拓展阅读】

《文化及相关产业分类(2018)》

---

① 本文均为未扣除价格因素的名义增长。

② 新业态特征明显的16个行业小类是：广播电视集成播控，互联网搜索服务，互联网其他信息服务，数字出版，其他文化艺术业，动漫、游戏数字内容服务，互联网游戏服务，多媒体、游戏动漫和数字出版软件开发，增值电信文化服务，其他文化数字内容服务，互联网广告服务，互联网文化娱乐平台，版权和文化软件服务，娱乐用智能无人飞行器制造，可穿戴智能文化设备制造，其他智能文化消费设备制造。

19. 妇女儿童相关统计是如何开展的?

妇女能顶半边天,儿童是国家的未来。为全面系统反映妇女儿童事业发展状况,我国自 20 世纪以来不断健全妇女儿童统计工作,持续开展妇女儿童统计监测。

妇女儿童统计工作包括哪些内容?

我国妇女儿童统计是政府统计的重要组成部分,至今已形成由各行业主管部门各司其职、统计内容覆盖广泛的妇女儿童统计体系。鉴于妇女儿童统计领域广、内容多、分布散等特点,为全面系统定期地监测妇女和儿童事业发展情况,按照国务院颁布实施的《中国妇女发展纲要》和《中国儿童发展纲要》相关职责分工,国家统计局牵头组织开展妇女和儿童统计监测工作(以下简称两纲统计监测)。两纲统计监测是国家统计局开展妇女儿童综合统计、发挥统计监测职能作用的重要抓手。两纲统计监测工作流程主要包括建立监测指标体系、设计制度方案、收集监测数据、开展统计分析、发布数据等方面。

一是建立统计监测指标体系。统计监测指标体系是开展两纲统计监测的重要基础。2021—2030年两纲统计监测指标体系由国家统计局牵头会同30个单位研究制定,其中妇女纲要统计监测指标体系包含65项指标,覆盖健康、教育、经济、参与决策和管理、社会保障、家庭建设、环境和法律8个领域;儿童纲要统计监测指标体系包含64项指标,覆盖健康、安全、教育、福利、家庭、环境和法律保护7个领域。

二是完善统计调查制度。统计调查制度是开展两纲统计监测的重要依据。国家统计局指导各相关部门不断完善本部门统计调查制度,确保各项指标数出有源、数出有据。国家统计局持续完善《部门数据共享制度》等综合统计制度,规范监测数据质量、报送方式、报送时间等要求,确保及时收集到监测数据资料,顺利开展统计监测工作。

三是撰写统计监测报告。统计监测报告是综合反映两纲实施进展的重要载体。国家统计局对两纲实施情况进行年度监测,每年利用审核验收通过的部门数据、收集整理的反映妇女儿童发展状况的重要信息,通过定量分析和定性分析相结合的方法,客观描述纲要目标年度进展情况,分析纲要实施过程中需重点关注方面,形成两纲统计监测报告。报告主要内容公布在国家统计局门户网站。

四是丰富优化统计监测产品。高质量的统计产品是反映统计服务能力的重要体现。国家统计局每年通过两纲统计监测报告发布主要监测数据，编辑印制《中国妇女儿童状况统计资料》等出版物。在“三八”妇女节、“六一”儿童节等重要节点，制作妇女儿童事业发展宣传视频和漫画，充分利用统计微讯等新媒体渠道，宣传妇女儿童发展重要成就。

妇女儿童事业发展取得重要成就

在妇女领域方面，女性健康水平持续提高，全国孕产妇死亡率持续下降，2023年为15.1/10万。受教育水平稳步提升，2022年，小学学龄儿童净入学率达到99.9%，基本无性别差距；普通高中在校生中女生占比为49.9%；普通本专科在校生中女生占比为50.0%。全社会就业人员中女性比重为43.2%。社会保障范围不断扩大，全国女性参加基本医疗保险、基本养老保险、生育保险、失业保险和工伤保险的人数分别为6.5亿人、5.1亿人、1.08亿人、9949.2万人和1.12亿人。

在儿童领域方面，儿童健康水平整体提高，全国新生儿死亡率、婴儿死亡率、5岁以下儿童死亡率持续下降，2023年分别为2.8‰、4.5‰和6.2‰。儿童福利提标扩面，集中养育孤儿、社会散居孤儿、事实无人抚养儿童每人每月平均保障标准分别比 2021 年提高 104.9 元、107.5 元和 111.4 元。

【拓展阅读】

2022 年《中国妇女发展纲要(2021—2030 年)》统计监测报告(2023 年 12 月发布)

2022 年《中国儿童发展纲要(2021—2030 年)》统计监测报告(2023 年 12 月发布)

20. 全国性普查有哪些？是怎样开展的？

普查是指一个国家(或地区)为全面准确地了解某项重大国情国力状况,针对某类统计总体的全体调查对象,按照统一的普查方案和工作流程,在统一的标准时点,组织开展的大规模、一次性的全面调查。按照普查的组织实施主体,我国普查的种类既包括政府统计部门开展的周期性普查,也包括其他政府部门根据需要定期或不定期开展的专项普查,如生态环境部开展的全国污染源普查、农业农村部开展的全国土壤普查等。

政府统计部门开展的三项重大周期性普查

目前,我国政府统计部门开展三项重大国情国力周期性普查,分别是经济普查、农业普查和人口普查。全国经济普查,每 5 年进行一次(逢 3、逢 8 年份实施),2004 年开展第一次普查,至今开展了 5 次。全国农业普查,每 10 年进行一次(逢 6 年份实施),1996 年开展第一次普查,至今开展了 3 次,2026 年将开展第四次全国农业普查。全国人口普查,每 10 年进行一次(逢 0 年份实施),1953 年开展第一次普查,至今开展了 7 次。

普查是我国政府统计调查体系的基础，一方面服务于政府决策，为国家及地区制定实施中长期发展规划和重大政策提供翔实统计资料；另一方面是为开展其他政府统计服务，为一些常规统计调查提供基本抽样框、基础数据和字典库等。

三项普查的主要内容

经济普查的对象是在中华人民共和国境内从事第二产业、第三产业活动的全部法人单位、产业活动单位和个体经营户。经济普查主要调查第二产业、第三产业的发展规模、结构和效益等情况。

农业普查的对象包括中华人民共和国境内的农村住户、城镇农业生产经营户、农业生产经营单位、村民委员会、乡镇人民政府。农业普查主要调查农业、农村、农民的基本情况。

人口普查的对象是在中华人民共和国境内的自然人以及在中华人民共和国境外但未定居的中国公民，不包括在中华人民共和国境内短期停留的境外人员。人口普查主要调查人口和住户的基本情况。

普查工作的组织实施

我国三大周期性普查均由国务院统一领导，国务院和地方各级人民政府统计机构和有关部门共同组织实施。每次普查，国务院都专门印发关于开展普查的通知，设立普查领导小组及其办公室。国务院普查领导小组负责统一领导全国普查工作。国务院普查领导小组办公室设在国家统计局，负责普查的日常组织和协调。地方各级人民政府设立普查领导小组及其办公室，按照国务院普查领导小组及其办公室的统一要求和规定，具体组织实施本行政区域的普查工作。

普查是一项庞大的系统工程，也是一次广泛的社会动员，包括机构组建、宣传动员、方案研制、普查试点、人员培训、小区划分、清查摸底、现场采集数据、数据集中审核、质量抽查、汇总评估、数据发布、资料开发应用等环节。在普查主要工作完成后，普查机构将开发应用普查数据和资料，包括以公报的形式及时向社会发布普查主要成果，公布普查指标解释等信息；建立和完善相关普查数据库；围绕各级党委政府和社会关心的热点问题进行专题分析研究；开展普查课题招标、研究、评审工作，编印普查年鉴等普查资料。

【专栏：全国经济普查】

目前，我国已在2004年、2008年、2013年和2018年分别开展了四次全国经济普查，并在2023年开展第五次全国经济普查。第五次全国经济普查首次统筹开展投入产出调查，全面调查我国第二产业和第三产业的发展规模、布局和效益，摸清各类单位的基本情况，掌握国民经济行业间经济联系，客观反映推动高质量发展、构建新发展格局、建设现代化经济体系、深化供给侧结构性改革以及创新驱动发展、区域协调发展、生态文明建设、高水平对外开放、公共服务体系建设等方面的新进展。

经济普查的业务流程主要包括：制定普查方案，普查区划分及绘图，普查指导员和普查员选聘及培训，编制清查底册，实施单位清查，登记准备，普查登记，普查数据检查、审核与验收，普查数据质量抽查，普查数据汇总、评估、共享与发布，普查资料开发及普查总结等 12 个环节。第五次全国经济普查采取先单位清查再普查登记的方式开展。通过“地毯式”清查对我国境内全部法人单位、产业活动单位和从事第二产业、第三产业活动的个体经营户进行全面清查，确保普查单位不重不漏，准确界定普查对象和种类，并相应决定普查内容和方式。在全面清查基础上，对从事第二产业、第三产业活动的法人单位和产业活动单位进行全面调查，对个体经营户进行抽样调查，对投入产出调查单位采取重点调查和典型调查相结合的方式进行调查。在单位清查阶段，普查员使用 PAD、手机等手持电子终端采集清查对象数据；在普查登记阶段，采取普查员入户采集、普查对象自主填报、部门组织普查等方式采集普查对象数据。

【拓展阅读】

什么是普查（2023 年 1 月刊发于国家统计局网站）

第五次全国经济普查怎么干？一图读懂普查方案！（2023 年 8 月刊发于统计微讯）

三 如何使用统计数据

统计数据为社会所用是统计价值的体现，作为一门专业性很强的学科，统计数据背后涉及不同的调查方法、数据来源、统计学理论等。为促进社会公众科学、方便、快捷使用统计数据，我们将在本部分聚焦介绍使用统计数据的一些基础知识、数据的获取渠道，尤其是对容易混淆的一些常见统计数据进行区分，方便大家更准确使用统计数据。

21. 从哪里可以获得统计数据尤其是结构性数据?

统计数据是统计调查的成果,及时发布统计数据是统计工作的重要内容之一,也是统计服务社会各界的重要方式。近年来,国家统计局不断完善统计数据发布工作,丰富发布内容,拓展发布渠道,努力为各界提供更加详实的统计信息。

(一)全国统计数据的获得

目前,国家统计局数据发布主要通过国家统计局官方网站、新闻发布会、国家统计局数据发布库、《中国统计年鉴》等统计出版物、统计政务新媒体平台和微观数据实验室等渠道。

1. 国家统计局官方网站(www. stats. gov. cn)

国家统计局官方网站是统计数据发布的首要渠道。为便于大家了解数据发布的时间安排,及时获取数据,国家统计局每年制定《主要统计信息发布日程表》,列入发布日程表的统计信息均可通过国家统计局官方网站的“数据发布与解读”栏目获得。近年来,国家统计局主要统计数据发布的时间安排大致如表 1。

表 1　国家统计局主要统计数据发布时间安排

数据类别	主要指标	发布时间
月度数据	居民消费价格指数(CPI)、工业生产者价格指数(PPI 和工业生产者购进价格指数)	次月 10 日左右
	工业生产、能源生产、固定资产投资、房地产开发和销售、社会消费品零售总额、城镇调查失业率、服务业生产指数	次月 15 日左右
	商品住宅销售价格指数	次月 15 日左右
	工业经济效益	次月 27 日左右
	中国采购经理指数	当月月末
季度(年度)数据	国内生产总值(GDP)、农业生产、农产品生产者价格指数、居民收支状况指标、工业产能利用率	季后月 18 日左右
	规模以上文化及相关产业生产经营情况	季后月末
年度数据	人口	次年 1 月 20 日左右

另外，农民工调查监测报告、就业人员年平均工资、夏粮产量、早稻产量和全年粮食产量等发布时间一般分别为 4 月、5 月、7 月、8 月和 12 月，《主要统计信息发布日程表》的附注部分还提示了其他重要年度指标的发布

时间。

2. 新闻发布会

国家统计局在国务院新闻办公室举行月度、季度、年度国民经济运行情况新闻发布会和重大国情国力普查结果发布会，由国家统计局负责人或国家统计局新闻发言人等发布国民经济和社会发展主要指标数据或普查主要成果，并回答中外记者的提问。新闻发布会一般在次月中下旬召开。

3. 国家统计局数据发布库(data. stats. gov. cn)

国家统计局数据发布库通过国家统计局官方网站的“数据查询”或“国家数据”图标处访问。对于月度和季度数据，在官方网站发布主要指标后，更多结构或细项指标通过数据发布库发布。对于年度数据，一般在《国民经济和社会发展统计公报》发布和《中国统计摘要》出版 5 个工作日左右，数据发布库更新主要年度数据，在《中国统计年鉴》出版后更新快速查询栏目年度数据，于 2 个月后更新全部年度数据并加载年鉴光盘。数据发布库还包括普查、地区、部门、国际数据，并提供文件输出、制表、绘图、表格转置、可视化图表等多种功能。

4. 统计出版物

国家统计局每年 5 月份出版综合性简明统计资料

《中国统计摘要》，收录我国上一年经济社会主要指标数据，主要数据多为初步统计数；10月份出版综合统计资料《中国统计年鉴》，收录的指标更全面；10月份以后出版各类专业统计年鉴30余种，如《中国工业统计年鉴》《中国投资领域统计年鉴》《中国人口和就业统计年鉴》等。反映全国农业普查、经济普查和人口普查等各类普查结果的统计资料在普查主要数据公布后的一年内出版。

5. 统计政务新媒体平台

国家统计局官方微博@中国统计、官方微信“统计微讯”和手机客户端“数据中国”在国家统计局官方网站数据发布后及时发布或更新数据。同时，提供形式多样的统计科普产品，公开统计调查方法，便于社会公众深入了解统计工作。

6. 微观数据实验室

国家统计局积极推进微观数据开发应用工作，建立了国家统计局微观数据实验室，与相关高校共建数据开发中心，开放经济普查、人口普查、农业普查、住户调查等十六类微观数据的查询和应用，研究人员可通过申请进入微观数据实验室使用微观数据。

（二）地方统计数据的获得

根据有关规定，目前地方统计数据一般由地方统计机构负责发布,国家统计局为方便用户使用,也提供部分地方统计数据的获取渠道。

地方统计机构的门户网站是获取地方统计数据的主要渠道,各省级统计局网站发布本省主要指标数据情况。地方统计机构编辑出版的统计年鉴是获取地方统计数据的另一个重要渠道,各省(自治区、直辖市)和市(地、州、盟)统计机构出版本地统计年鉴,发布主要年度数据。此外,省级统计机构还通过举办新闻发布会发布当地主要统计数据;省级统计机构与部分地级市(地、州、盟)统计机构开设了微博微信或客户端等平台发布统计数据;部分地区开发了统计数据库,发布或提供当地进度或年度统计数据。

为便于公众获取地区统计数据,国家统计局通过数据发布库、统计出版物等提供省级的经济社会主要指标数据。国家统计局数据发布库专门设有"地区数据"栏目,提供了 31 个地区的月度、季度和年度各专业主要指标。国家统计局各类统计出版物也提供地方年度统计数据。例如,《中国统计年鉴》和各类专业统计年鉴均收录相关领域省级的分地区数据;《中国城市统计年鉴》《中国县域统计年鉴(县市卷)》则分别收录各城市和各县(市)的社会经济主要指标。国家统计局官方网站也提供了地方统计网站链接入口,方便查询各地经济社会数据。

(三)结构性统计数据的获得

上述发布渠道和内容中不仅包括了全国性、综合性统计数据,大量结构性数据也可从中查询获取。随着经济形态日益丰富,社会各界对结构性统计数据的需求与日增加。总体上来讲,结构性数据包括分行业、分经济形态、分产品、分群体、分地区等内容。发布更多结构性数据,更加全面地展现经济发展全貌,也有助于对经济运行态势的科学准确分析。

具体来讲,国家统计局数据发布库、《中国统计年鉴》、各类专业统计年鉴是较为全面获取结构性数据的渠道。例如,在国家统计局数据发布库中,查询国内生产总值年度数据时,除总量数据外还可查询分产业增加值、分行业增加值、人均国内生产总值等相关细项数据;数据发布库中的规模以上工业企业主要经济指标,既包括全部规上工业企业的数据,也包括分登记注册类型、分行业的规上工业企业数据。又如,《中国统计年鉴》中,既包括全社会固定资产投资数据,也包括分三次产业、分地区、分建设性质、分隶属关系、分登记注册类型的固定资产投资结构性数据;既包括全部限额以上住宿和餐饮业企业主要指标,也包括分登记注册类型、分行业、分地区的住宿业、餐饮业、连锁餐饮业企业主要指标。再如,《中国第三产业统计年鉴》《中国能源统计年鉴》中,收录了反映全国及分地区第三产业发展及能源建设、生产、消费、供需平衡等细分结构性数据。

【拓展阅读】

种草3种好用的统计数据发布渠道(2024年7月刊发于统计微讯)

“国家数据”一站式查询(2024年8月刊发于统计微讯)

22. 微观数据有哪些途径可以供研究人员使用?

为充分发挥数据资源要素作用,更好服务经济社会发展,国家统计局于 2017 年正式启动微观数据开发应用工作,并逐步开放了规模以上工业企业财务状况调查,新设立小微企业跟踪调查,住户收支与生活状况调查,第五次、第六次、第七次全国人口普查,2015 年 1% 人口抽样调查,第三次全国农业普查,第三次、第四次全国经济普查,2018 年全国时间利用调查等数据集供研究人员使用。

国家统计局微观数据的开发模式

国际上常用的微观数据开发模式主要有直接开放数据、合作共建数据开发中心、远程访问数据、代为加工数据等。依据我国国情和统计数据特点,国家统计局采取合作共建数据开发中心模式,在国家统计局建立微观实验室的同时,与部分高校合作建立数据开发中心,一同为研究人员提供微观数据服务。各数据开发中心(实验室)均设有实地办公场所,提供的微观数据资源和服务等相同。

如何申请使用国家统计局微观数据?

有微观数据使用需求的研究人员,需登录国家统计局微观数据用户注册申请系统(http://microdata.stats.gov.cn),选择其中一家数据开发中心(实验室)进行申请。申请流程主要包括:(1)机构备案。符合申请资质的机构需以法人单位名义填写《微观数据开发应用机构备案表》,申请加入国家统计局微观数据开发应用对象白名单(研究人员可在用户注册申请系统查询已通过备案的机构名单,如已通过备案,则可跳过此步骤直接进行下一步)。(2)数据申请使用。进入白名单的机构单位所属的研究人员需填写《微观数据使用申请表》提交审核。审核通过后,按预约时间前往相应数据开发中心(实验室)使用微观数据。(3)中间成果审核带离。数据使用阶段结束后,研究人员需将形成的文字描述、图表内容及模型结论等成果按照规定文档格式上传至指定位置,提出中间成果带离申请,经数据开发中心(实验室)管理人员审核通过后带离。(4)最终成果审核。研究人员在中间成果基础上进行文字加工形成正式稿件或著作后,需填写《微观数据最终成果审核表》,提交数据开发中心(实验室)组织专家审核,经审核通过后的最终成果可以期刊、网站、授课、演讲等形式发布。(5)最终成果登记。研究人员发布最终成果后，应当填写《微观数据最终成果登记表》，提交数据开发中心（实验室）登记。研究人员完成最终成果登记后，方可再次提交新的数据使用申请。

【拓展阅读】

学术圈必看！高使用量统计数据出版物推荐！（2024 年 8 月刊发于统计微讯）

23. 众多统计指标中，哪些是分析宏观经济的重要指标？

分析判断经济形势常常围绕四大宏观目标进行：经济增长、充分就业、物价稳定、国际收支平衡。这四大目标相互联系、相互影响、相互制约，宏观调控的目的在于恰当处理这四方面的关系，寻求一个最佳平衡点。通过全面观察这四大指标，可以了解社会总供给和总需求变化，掌握经济运行的总体状况。

（一）经济增长

经济增长通常是指在一个较长的时间跨度上，一个国家经济总产出或人均产出水平的持续增加。经济增长是一个宽泛、综合的概念，狭义的经济增长主要指国内生产总值（GDP）增长。国内生产总值是一个国家或地区的所有常住单位在一定时期内所生产的全部最终产品和服务的价值总和。GDP 可以反映一个国家或地区的总体经济规模，GDP 增长率可以反映经济总量的增长速度。经济增长可以从供给和需求两方面来反映。从供给端看，主要参考指标有第一产业增加值、第二产业增加值(包括工业增加值和建筑业增加值)、服务业增加值等;从需求端看,主要参考指标有社会消费品零售总额、服务零售额、固定资产投资、进出口总额等。

(二)充分就业

充分就业,也称作完全就业,是经济学中的一个假设,是指在某一工资水平之下,所有愿意接受工作的人,都获得了就业机会。充分就业并不等于全部就业,在充分就业情况下,仍然会存在摩擦性失业和结构性失业。经济学家把在这种情况下的失业率称为自然失业率,有时被称作长期均衡的失业率或充分就业的失业率。我国用来衡量就业的指标有城镇调查失业率、城镇新增就业人数、外出务工农村劳动力规模、就业人员等。

(三)物价稳定

作为反映社会总供求状况的"晴雨表",物价是观察经济运行状况的重要方面。宏观调控的目标之一就是要维护物价稳定,即抑制通货膨胀、避免通货紧缩、维护币值稳定。衡量物价水平常用指标有居民消费价格指数、工业生产者出厂价格指数、国内生产总值平减指数等。居民消费价格指数(CPI),反映了某一时期消费领域价格变动情况。工业生产者出厂价格指数(PPI),反映了某一时期生产领域价格变动情况。国内生产总值平减指数则反映了全社会物价总水平的变动情况，是最综合、最宏观的价格指标。

（四）国际收支平衡

国际收支平衡是指国际收支差额处于一个相对合理的范围内，既无巨额的国际收支赤字，又无巨额的国际收支盈余。一国国际收支的状况主要取决于该国进出口贸易和资本流入流出状况。国际收支平衡表是反映一定时期一个国家或地区同外国的全部经济往来的收支流量表，可以系统反映一国的国际收支状况、收支结构以及储备资产的变动情况。按照国际货币基金组织《国际收支和国际投资头寸手册》（第六版），国际收支平衡表的标准组成包括三个基本部分：经常账户、资本账户、金融账户。除了国际收支平衡表，分析国际收支状况时通常还会用到进出口差额、外汇储备、人民币汇率等辅助指标。

我们以 2023 年为例，运用这四大指标来分析当年的经济形势。2023 年，我国经济回升向好，生产需求稳步改善，就业物价总体稳定，国际收支基本平衡。一是经济增速回升。初步核算，2023 年我国国内生产总值达 1260582 亿元，比上年增长 5.2%，增速在世界主要经济体中名列前茅。从增量看，按照不变价计算 2023 年我国经济增量约 6 万亿元，相当于一个中等国家一年的经济总量。从人均水平看，2023 年人均 GDP 达 89358 元，比上年增长 5.4%，按美元折算达 1.27 万美元，稳居中高收入国家行列。二是就业基本盘稳固。2023 年全国城镇调查失业率均值为 5.2%，比上年下降 0.4 个百分点；城镇新增就业 1244 万人，比上年多增 38 万人。三是物价涨势温和。2023 年 CPI 比上年上涨 0.2%，核心 CPI 上涨 0.7%，保持温和上涨态势。四是国际收支基本平衡。在外需收缩、国际竞争加剧等不利影响下，2023 年我国货物进出口总额达 41.8 万亿元，实现逆势增长 0.2%；年末外汇储备余额超过 3.2 万亿美元，稳居世界第一。

【拓展阅读】

GDP 与我们的生活有啥关系？为什么要用 GDP 反映经济增长？

24. 如何用统计指标分析经济运行的质量？

经过长期发展，我国实现了全面建成小康社会的第一个百年奋斗目标，开启了全面建设社会主义现代化国家的新征程。党的二十大报告指出，高质量发展是全面建设社会主义现代化国家的首要任务，必须完整、准确、全面贯彻新发展理念，推动经济实现质的有效提升和量的合理增长。适应我国发展新阶段，要及时完善宏观分析视角，分析研究经济形势不仅要关注经济发展的规模和速度，更要注重质量和效益，特别是创新、协调、绿色、开放、共享发展等方面的进展和情况。

具体来看，创新发展着重反映国家战略科技力量建设、创新能力提升以及新旧动能转换情况，常用指标有研究与试验发展（R&D）经费投入强度，“三新”经济增加值，战略性新兴产业、装备制造业、高技术产业增加值及固定资产投资，实物商品网上零售额，全员劳动生产率，专利申请量等。

协调发展主要关注产业结构、需求结构、区域结构、城乡结构及收入分配结构情况，常用指标有三次产业增加值占国内生产总值比重，最终消费率、资本形成率，三大需求贡献率，地区生产总值占全国的比重，常住人口城镇化率，城乡居民人均可支配收入之比，基尼系数等。

绿色发展旨在体现经济社会低碳转型、人与自然和谐共生情况，常用指标有单位国内生产总值能耗，单位国内生产总值二氧化碳排放强度，单位国内生产总值用水量，清洁能源消费量占比，城市空气质量优良天数等。

开放发展重在展现高水平对外开放情况，常用指标有一般贸易进出口占比，对共建“一带一路”国家、东盟等新兴市场进出口额，自由贸易试验区进出口额，跨境电商进出口额，高技术产业实际使用外资等。

共享发展集中反映保障和改善民生情况，常用指标有全国居民人均可支配收入，全国居民人均消费支出，恩格尔系数，基本养老保险参保人数，基本医疗保险参保人数，九年义务教育巩固率，高等教育毛入学率，卫生技术人员数，民政服务床位数等。

举例来说，初步核算，2023 年我国 GDP 超过 126 万亿元，按不变价格计算，比上年增长 5.2%，国民经济保持回升向好态势。在实现量的合理增长的同时，经济运行质量也得到有效提升。一是创新驱动引领作用凸显。2023 年，全社会研究与试验发展(R&D)经费投入强度达 2.64%，比上年提高 0.08 个百分点；规模以上装备制造业增加值比上年增长 6.8%；实物商品网上零售额比上年增长 8.4%。二是经济发展协调性提升。2023 年，服务业增加值对经济增长的贡献率达 60.2%；最终消费支出对经济增长的贡献率达 82.5%；年末常住人口城镇化率提高至 66.16%。三是绿色转型步伐稳健。2023 年，可再生能源发电装机容量占比过半，历史性超过火电装机；清洁能源消费占能源消费总量比重比上年提高 0.4 个百分点；国家地表水考核断面中水质优良断面比例达 89.4%。四是高水平开放纵深推进。2023 年，我国对共建“一带一路”国家进出口额占进出口总额比重提高至 46.6%；跨境电商进出口额比上年增长 15.6%；高技术产业引资占实际使用外资金额比重提高至 37.3%。五是民生保障有力有效。2023 年，全国居民人均可支配收入比上年实际增长 6.1%；恩格尔系数为 29.8%，比上年下降 0.7 个百分点；九年义务教育巩固率达 95.7%；年末基本养老保险覆盖面超过 10.7 亿人。这些指标充分表明，2023 年国民经济回升向好、量增质升，经济韧性和发展后劲不断增强。

【拓展阅读】

一图读懂｜2023 年国民经济和社会发展统计公报（2024 年 2 月刊发于统计微讯）

25. 什么是基期？如何看待基期的影响？

在描述某个统计指标变动情况时，经常采用的方式是一个时期的量与另一个时期的量进行比较，当使用同一组对照数据时，就产生了基期的概念。基期是比较随时间变化的数据时选定的对照时期，可以选择时点或时段。

确定某个时点、某个时段为基期，能恰当表现数据间的相互关系与变化趋势。例如，2024 年 4 月份，CPI 环比上涨 0.1%，则该指数的基期是 2024 年 3 月；2024 年 4 月份，CPI 同比上涨 0.3%，那么该指数的基期是 2023 年 4 月。再如，为了提高居民消费价格指数调查中规格品的可比性，我国居民消费价格定基指数进行五年一次的例行基期更换，从 2021 年 1 月起，居民消费价格指数开始计算以 2020 年为对比基期的价格指数序列。

在日常生活中，要注意避免因没有弄清楚基期的概念而导致的错误结论。特别是在经济波动较大时期，看待经济增速变化，要注意基期的影响。例如，在新冠疫情冲击之下，2020 年一些经济指标数值较低，作为基数分析数据时可能会产生偏差，为了消除这种影响，国家统计局在公布 2021 年相关经济运行数据时，采用了"两年平均增长率"这个指标，即以 2019 年相应同期数为基数，采用几何平均方法计算出两年平均增速，更准确地反映经济发展的延续性和可比性。

此外，关于基期，我国还有特殊的春节因素现象，即在春节期间，社会经济活动会发生变化，对社会经济指标产生较大的影响。由于每年春节的日期并不固定，多数在 2 月份，少数在 1 月份，有的甚至横跨两个月份，往往会造成 1、2 月份各主要指标的波动幅度较大。为应对这种情况，我国在实际统计工作中，往往统一比较 1—2 月份总体水平，这样能避开 1、2 月份春节日期变动引起的数据波动。

26. 如何使用同比数据与环比数据?

增长速度是反映经济社会某一领域发展变化情况的重要指标,而同比和环比是反映增长速度最基础、最核心的指标,也是国际上通用的指标。在统计中,同比和环比通常是同比变化率和环比变化率的简称,用于表示某一事物在对比期内发展变化的方向和程度。

同比与环比的计算方法

同比是以上年同期为基期相比较,即本期某一时间段(点)与上年相同时间段(点)相比,可以理解为今年第n月(或1—n月份)与去年第n月(或1—n月份)的比较。如,2023年12月份与2022年12月份相比较,2023年上半年与2022年上半年相比较就是同比。同比增长率是指本期和上一年同期相比较的增长率,计算公式为:同比增长率=(本期数-同期数)/同期数×100%。例如,某公司2022年上半年利润3000万元,为本期数,上年同期数是2021年上半年利润2000万元,同比增长率为(3000—2000)/2000×100%=50%,即某公司2022年上半年利润同比增长50%。

环比是与上一个相邻统计周期相比较，表明统计指标逐期的发展变化。如，2023 年 12 月份与 2023 年 11 月份相比较，2023 年一季度与 2022 年四季度相比较就是环比。环比增长率是指本期和上期相比较的增长率，计算公式为：环比增长率＝(本期数－上期数)/上期数×100%。例如，某公司 2022 年 6 月份营业收入额为 100 万元，为本期数，上期数是 2022 年 5 月份营业额 80 万元，环比增长率为(100－80)/80×100%＝25%，即某公司 2022 年 6 月份营业额环比增长 25%。

环比侧重反映短期变化，同比侧重反映长期趋势

在使用中，环比侧重反映数据的短期变化。用环比增长速度反映指标变化时，时效性强，比较灵敏。例如，对居民消费价格指数(CPI)的环比涨跌幅进行分析，可以判断短期内物价变化的方向(上升或下降)。环比的不足之处是，对一些随着季节变化而波动的指标，将当期的数据直接与上期相比时，容易受到季节因素的干扰，使得用其反映的增长速度波动往往较大。例如，由于“双十一”促销影响，11 月份网上零售额相比 10 月份增加较多，而 12 月份网上零售额相比 11 月份会减少较多，相应地，11 月份的环比增长速度会比较高，而 12 月份的环比增长速度就可能会低，但这并不能说明网上零

售额发生了趋势性变化。所以进行环比计算之前一般需要先把经济指标变动中的季节性因素剔除掉,即进行季节调整后,再计算环比增长速度。

同比相对于环比,侧重反映长期趋势,能够一定程度上克服季节性波动的影响。例如,同样是“双十一”促销,使用同比增长速度,10 月、11 月、12 月的波动不会像环比波动那样大,主要由于上年与今年 11 月“双十一”促销因素均存在。但另一方面,同比增长速度的缺点是易于受基期因素影响,例如,上年基期受灾害影响,数据波动大,而今年同期未受灾害影响,则同比增长速度会表现出波动变化。

综上,同比和环比所反映的虽然都是变化速度,但由于对比基期不同,反映的内涵不同。一般来说,环比可以与环比相比较,而不能拿同比与环比相比较。但是,对于同一个领域,当既要考虑历史发展趋势,又要考虑短期变化时,则应把同比与环比放在一起进行对照分析。

哪些指标计算环比增速?

目前,国家统计局发布的数据中,发布环比数据的主要有国内生产总值(GDP)、居民消费价格指数(CPI)、工业生产者出厂价格指数(PPI)、商品住宅销售价格指数(HPI)、社会消费品零售总额、工业增加值、固定资产投资等。其中,GDP、工业增加值、固定资产投资、社会消费品零售总额的环比指标要根据季节因素修订。

以GDP为例,它的环比增长速度是通过比较连续两个季度的经济增长来衡量经济动态变化。但是,由于节假日、休假安排等季节性因素可能会导致数据波动,国家统计局会对GDP进行季节调整。方法是在国际通用季节调整技术的基础上,兼顾中国特有的季节性因素,如春节、端午节、中秋节等移动假日,以及工作日制度的变迁和假期调休安排对数据的影响,确保了GDP环比增速数据的准确性和可比性,为政策制定、市场分析和学术研究提供了重要依据。

27. 什么是翘尾因素?

在有关居民消费价格指数(CPI)的分析文章和新闻稿件中,经常会出现“翘尾因素”或“翘尾影响”等词汇,这是分析同比价格指数变动幅度时的特有概念。那么什么是“翘尾因素”或“翘尾影响”呢?

“翘尾因素”是指上年价格涨跌对本年同比价格指数的滞后(延伸)影响。翘尾因素产生的影响,简称翘尾影响,也称滞后影响。与“翘尾因素”相对应的概念是“新涨价因素”,或“新涨价影响”,即当年内,由市场供需变化、成本增减、政策调整或汇率波动等新出现因素引起的价格变动对价格指数的影响。“新涨价因素”反映了当年价格的实际变化,对经济分析和决策具有重要意义。

翘尾影响和新涨价影响可以通过月度环比连乘计算得到,具体计算公式如下:

当年第n月的翘尾影响=上年(n+1)月环比×上年(n+2)月环比×上年(n+3)月环比×…×上年12月环比

当年第n月的新涨价影响=当年1月环比×当年2

月环比×当年3月环比×⋯×当年n月环比

可以从单个商品的价格变动来说明。例如，2022年前6个月某商品价格均为每公斤1元，7月份上涨至2元，一直到2023年12月份，价格都保持在2元。那么，虽然2023年全年价格保持不变（均为2元），但2023年前6个月，该商品各月价格同比指数均为200%（2÷1=2），这主要是因为2022年7月份商品价格上涨对2023年前6个月价格指数的滞后影响即翘尾影响造成的。

发布价格指数时，同时提供“翘尾因素”和“新涨价因素”数据，有助于区分基期价格变动的延续效应和当年价格的新变动，从而更准确地评估通货膨胀压力和经济增长趋势，更全面地展现价格变动的成因。

例如，2024年2月份，CPI同比由上月下降0.8%转为上涨0.7%；环比上涨1.0%，涨幅比上月扩大0.7个百分点。那么，如何判断2月的CPI走势呢？我们可以通过“翘尾因素”和“新涨价因素”进一步分析。据测算，在2月份0.7%的同比涨幅中，翘尾影响约为−0.6个百分点，今年价格变动的新影响约为1.3个百分点。可以看出，上年价格变动对本年价格产生的是下拉翘尾影响，2月份价格上涨主要由当年价格上涨带动。

【拓展阅读】

CPI调查的十二时辰（2023年6月刊发于统计微讯）

28. 如何使用先行指标、同步指标和滞后指标判断经济走势?

宏观经济波动是一种周期性的繁荣、衰退、萧条、复苏循环变化过程,在这种变动中,不同经济指标的变动并非总与宏观经济运行步调一致。按统计指标变动轨迹与宏观经济变动轨迹的时间关系,可以将其划分为先行指标、同步指标和滞后指标。

先行指标是指那些会先于生产活动变化的指标,先行指标总是比宏观经济更早地发生转折,提前于经济周期到达高峰或低谷,利用先行指标可以预判短期经济总体景气状况,从而进行预警、监测并制定应对措施。先行指标包括采购经理指数、库存变化和订单变动、消费者信心指数等。例如,当订单数增加时,预示着市场需求增加,企业就会根据市场需求的增加而扩大生产规模。反之,当订单数减少时,则预示需求减少、生产下降。因此,我们就可以拿订单数的增减判断未来生产的变化。

同步指标通常都会与生产活动的变化同步发生,其与生产指标有着内在的同步关系,主要用于反映国民经济正在发生的情况。包括国内生产总值(GDP)、工业增加值、能源消耗、税收、设备利用率等。例如,生产扩张时,设备利用率会提高;反之生产萎缩时,设备利用率则会下降。

滞后指标通常是随着生产活动的变化而变化的指标,比总体经济更晚发生转折,落后于经济周期到达高峰或低谷,主要用于检验对宏观经济发展状况的判断是否准确,如就业人数、价格和利润等。当生产增长、经济规模扩大时,就业人数往往并不马上增加,而是提高工作时间,当扩张持续到一定程度后就业增多。当生产下降时,往往也先是减少工作时间,然后才会减少用工。

这些指标的主要作用,就是根据其与总体经济变动轨迹的不同关系,来判断总体经济走向。特别是先行指标,因为在宏观经济波动到达高峰或低谷前,先行出现高峰或低谷,因而可以用于判断短期经济总体的景气状况,并进行监测预警。一般来讲,当先行指数连续几个月下降时,就有理由预测整个经济也可能出现下滑。例如,通过分析先行指标采购经理指数(PMI)可以对同步指标 GDP 增速反映的宏观经济发展状况进行分析预测。一般来说,PMI 指数变化先于 GDP 增速变化。

其次,通过观察滞后指标可以检验同步指标对宏观经济发展状况的指示是否准确。滞后指标反映出的国民经济的转折点一般要比实际活动晚，通常可以用来确认经济周期波动的高峰或低谷是否已经过去。例如，失业率的波峰和波谷分别对应 GDP 增速的波谷和波峰(经济增长会带动就业，因此 GDP 增速与失业率呈反向变动)，但出现的时间滞后于 GDP 增速。这种特性可以帮助检验对经济运行状况的判断。

综上，先行指标总是最先到达经济波动的波峰或波谷，然后是同步指标，滞后指标总是最后反映出波动的转折点。我们可以通过对这三类指标长时期的观察研究，大概判断出三者之间的时间间隔，为经济预警打好基础。

29. GDP 缩减指数的主要作用是什么？是如何计算的？

GDP 缩减指数又称 GDP 平减指数，是指未剔除价格变动的 GDP 与剔除价格变动的 GDP 之比，即现价 GDP(或称为名义 GDP)与不变价 GDP(或称为实际 GDP)之比。

GDP 缩减指数的主要作用

GDP 缩减指数最主要的作用是可以综合反映一个国家(或地区)物价变动的总水平。由于 GDP 衡量的是一个国家(或地区)所生产的所有最终货物和服务的价值，因此，GDP 缩减指数反映的是这些货物和服务的总体价格变动，是该国家(或地区)生产的所有最终货物和服务的价格总指数，主要用于分析价格总水平的变化，是最宏观、最综合的价格指数指标。

GDP 缩减指数的计算

与 CPI、PPI 等通过抽样调查资料编制的价格指数不同，GDP 缩减指数不是一个直接编制的价格指数，它是核算出来的。其计算公式为：

GDP 缩减指数＝现价 GDP÷不变价 GDP×100

一般来说，计算 GDP 缩减指数分为三步：首先，核算现价 GDP，就生产核算来说，通过核算国民经济分行业现价增加值后，加总生成现价 GDP；其次，核算剔除价格变化影响的不变价 GDP，通过核算国民经济分行业不变价增加值后，加总生成不变价 GDP；最后，将现价 GDP 和不变价 GDP 相除，计算出 GDP 缩减指数。GDP 缩减指数取决于各行业增加值比重和价格指数，因此相当于各行业价格指数的加权平均值。

举例来说，2022 年我国现价 GDP 为 1204724 亿元，按 2020 年价格计算的不变价 GDP 为 1131632 亿元，那么可以计算以 2020 年为基期的 2022 年 GDP 缩减指数为 1204724÷1131632×100≈106.5，说明与作为基年的 2020 年相比，2022 年我国所有最终货物和服务的价格总水平上涨了约 6.5%。同样地，以 2020 年为基期的 2021 年 GDP 缩减指数为 104.6，那么以上年为 100 的 2022 年 GDP 缩减指数为 106.5÷104.6×100≈101.8，说明与 2021 年相比，2022 年我国所有最终货物和服务的价格总水平上涨了约 1.8%。

30. 人均 GDP、人均 GNI 与居民人均可支配收入有何区别和联系？反映居民收入水平用哪个指标更合理？

人均 GDP(人均国内生产总值)和人均 GNI(人均国民总收入)分别是用 GDP 和 GNI 除以年平均人口计算得到的人均指标，主要用于国际上进行国家间的比较，帮助了解一国或地区的富裕程度和生活水平。居民人均可支配收入是反映居民具体收入水平和生活水平的指标。在具体分析时，应根据具体问题选择合适的指标。

(一)GDP 和 GNI 之间既有联系又有区别

在进行国际比较时，分析各国经济增长一般更关注 GDP；分析各国贫富差异程度一般更关注 GNI 或者人均 GNI。从两者的联系看，GNI 等于 GDP 加上从国外获得的初次分配收入，减去付给国外的初次分配收入，即 GDP 加上从国外获得的初次分配收入净额。从两者的区别看，主要是概念和主要用途不同。

一是概念明显不同。GDP 是一个反映生产成果的概念，它从生产角度衡量一个国家或地区的经济总量，只要是本国领土内生产活动创造的增加值，无论是由内资企业还是外商投资企业创造的，均应计入本国的GDP。GNI是一个反映收入总量的概念，它从收入初次分配的角度衡量一个国家或地区的经济总量，即在GDP的基础上，扣除外国在本国的资本和劳务收入，加上本国从国外获得的资本和劳务收入。从概念和核算过程看，GDP是核算GNI的基础，先核算GDP，才能核算出GNI。两者的关系可用下列公式表示：

GNI＝GDP＋来自国外的初次分配收入净额

＝GDP＋（来自国外的初次分配收入

－付给国外的初次分配收入）

二是主要用途不同。GDP是生产概念，主要反映一个国家经济增长和变动情况；GNI是收入概念，主要反映一个国家收入水平和宏观收入分配状况。具体到人均GDP和人均GNI上，人均GDP主要反映一个国家的人均经济发展水平，人均GNI主要反映一个国家获得收入的人均水平。

另外，还有一个指标“国民可支配收入”，是在国民总收入基础上通过经常转移的形式进行再分配后可用于消费与投资的收入。它也是观察和分析国家之间、地区之间以及部门和人群之间收入分配关系最重要的经济指标，反映各经济主体及一个国家能够支配的自有资金状况。

(二)居民人均可支配收入主要从微观层面反映居民收入分配情况

居民人均可支配收入是一个统计调查指标,来源于国家统计局对全国 31 个省(自治区、直辖市)居民家庭开展的住户收支与生活状况调查。该调查是一项抽样调查,国家统计局首先采用分层、多阶段、与人口规模大小成比例和随机等距抽样相结合的科学方法抽选调查户,目前样本量为 16 万个居民家庭,然后由调查户将家庭日常收支逐笔进行登记,最后根据每个家庭的基础数据加权汇总生成全国居民人均可支配收入。这一指标的主要用途是从微观层面反映居民收入情况,同时基于此项调查获得的居民收入中位数、五等份收入、基尼系数等数据可以用于了解居民收入分配情况。一般来说,由于统计范围和口径的差异,人均国民总收入要大于居民人均可支配收入。

表 1　人均 GDP、人均 GNI、居民人均可支配收入情况

年份	人均 GDP(元)	人均 GNI(元)	居民人均可支配收入(元)
1978 年	385	385	171
2000 年	7942	7846	3721
2023 年	89358	88607	39218

注:2023 年人均 GDP、人均 GNI 为初步核算数。

【拓展阅读】

GDP、GNP 和 GNI 你分清了吗?(2017 年 7 月刊发于统计微讯)

31. 支出法国内生产总值中的居民消费支出与社会消费品零售总额有何差别？

居民消费支出和社会消费品零售总额都是反映消费情况的指标，两个指标之间既有联系又有区别。总的来看，居民消费支出是支出法 GDP 核算中的一个指标，主要用于反映居民消费需求总量及其在最终需求中所占比重情况。社会消费品零售总额是反映流通领域最终环节消费情况的统计调查指标，主要从商品流通的最终环节入手，观察进入城乡居民生活消费和社会集团公共消费的全社会实物商品和餐饮服务的消费情况。

具体来看，居民消费支出是指常住住户为了直接满足生活需要在国内外市场上购买和使用货物及服务的消费支出，既包括直接用货币购买的货物和服务，也包括通过实物报酬形式得到的货物和服务以及居民自产自用的货物，还包括虚拟计算的自有住房服务和间接计算的金融中介服务以及保险服务。社会消费品零售总额是指企业（单位、个体户）通过交易直接售给个人和社会集团非生产、非经营用的实物商品金额，以及提供餐饮服务所取得的收入金额。个人包括城乡居民和入境人员，社会集团包括机关、社会团体、部队、学校、企事业单位、居委会或村委会等。

二者联系主要表现为，社会消费品零售总额中销售给居民的部分是居民消费支出中的实物消费及餐饮服务消费的重要组成部分，是核算居民消费支出的资料来源之一。

二者区别主要表现在以下几个方面。

一是居民消费支出不仅包括居民对货物的最终消费，还包括对服务的最终消费。社会消费品零售总额只包括实物商品消费和餐饮服务消费，不包括城乡居民和社会集团用于住房、保险、交通通信、文教娱乐、休闲旅游等方面的服务型消费。

二是居民消费支出包括住户以实物报酬形式获得的货物和服务以及其他虚拟消费支出，社会消费品零售总额只统计以货币形式实现的商品交易和餐饮服务价值。

三是居民消费支出核算的是我国常住住户在国内和国外的最终消费支出，包括我国常住住户在国外购买的货物和服务支出，不包括非常住住户在我国经济领土内的消费支出。社会消费品零售总额统计的是常住住户和非常住住户在我国境内所购买的消费品，不包括我国常住住户在国外发生的消费品零售。

四是社会消费品零售总额包括售给机关、社会团体、学校、部队、企事业单位等社会集团的各种办公用品及公用消费品，居民消费支出不包括。

五是居民消费支出包括自给性消费，如农民自产畜禽产品和自用的农副产品等。社会消费品零售总额仅统计商品流通过程中产生的最终环节消费，不包括自己生产自己消费的自给性消费。

六是社会消费品零售总额包括销售给居民建房用建筑材料，居民消费支出不包括。

【拓展阅读】

统计有话说丨揭秘消费市场统计（2023年10月刊发于统计微讯）

32. 支出法国内生产总值中的固定资本形成总额与全社会固定资产投资完成额有何差别?

固定资本形成总额与全社会固定资产投资完成额是反映投资情况的重要指标,一个是核算指标,一个是统计指标,两者各有其用途。全社会固定资产投资完成额是核算固定资本形成总额的重要基础数据来源,但由于两者指标性质、包含内容不同,需要准确理解其含义和使用用途。

具体来看:

固定资本形成总额是指常住单位在核算期内固定资产获得减去处置的价值总额。固定资产是通过生产活动生产出来的,且使用年限在一年以上、单位价值在规定标准以上的资产。固定资本形成总额通过对不同领域的基础数据进行核算而得,是支出法 GDP 核算中资本形成总额的重要组成部分,反映通过交易形成的生产资产积累。

全社会固定资产投资完成额是指以货币形式表现的在一定时期内建造和购置固定资产的工作量以及与此有关的费用的总称。作为投资统计调查的核心指标,它是反映固定资产投资规模、结构和发展速度的综合性指标,也是考察投资效果、了解工程进度的重要依据。

二者主要在以下两个方面存在差异：

一是指标范围不同。一方面，有些固定资本形成总额并未纳入全社会固定资产投资完成额统计范围，例如总投资500万元以下的建设项目完成的投资，未经过正式立项的土地改良支出，非生产资产的所有权转移费用等，这些都没有纳入全社会固定资产投资完成额统计中，在核算固定资本形成总额时需要加以补充。另一方面，全社会固定资产投资统计中的部分内容不包含在固定资本形成总额中，例如土地购置费、非单纯购置项目中购买旧建筑、旧设备的价值等，需要在核算固定资本形成总额时扣除。

二是指标性质不同。固定资本形成总额是一个核算指标，在核算全国固定资本形成总额时，除了按照上述范围口径差异对全社会固定资产投资完成额进行调整外，还要利用建筑业总产值、钢材生产量、水泥生产量、大型机器设备生产量、机器设备增值税抵扣额等相关资料，对全社会固定资产投资完成额进行评估和调整。全社会固定资产投资完成额是一个统计调查指标，主要用于反映固定资产投资规模、结构和发展速度，服务于建设项目管理需要，是观察工程进度和考核投资效果的重要依据，也为固定资本形成总额核算提供基础资料。

33. 支出法国内生产总值中的货物和服务净出口与海关的货物进出口有何差别?

支出法国内生产总值中的货物和服务净出口和海关的货物进出口均为反映开放型经济体系与国际市场联系的指标。支出法 GDP 中的货物和服务净出口主要用于反映外需对经济的拉动作用,是计算净出口率的重要指标,在需求结构分析中具有重要作用。海关进出口总额反映一国或地区对外贸易的总体规模和发展水平,是研究对外贸易往来和国际收支平衡状况,开展经济分析和决策、进行宏观经济调控的重要依据,是研究对外经济贸易发展和国际经济贸易关系的重要资料。

货物和服务净出口是出口减去进口后的净额,出口是常住单位向非常住单位出售或无偿转让的各种货物和服务的全部价值;进口是常住单位从非常住单位购买或无偿得到的各种货物和服务的价值。其中服务活动的提供与使用是同时发生的,一般把常住单位从非常住单位得到的服务作为进口,非常住单位从常住单位得到的服务作为出口。

海关进出口总额是指实际进出我国关境并改变我

国境内物质存量的货物总金额，包括一般贸易进出口货物、加工贸易进出口货物、海关特殊监管区域、保税监管场所或经济特区进出境的货物、租赁期一年及以上的租赁贸易货物、外商投资企业进出口的货物、国际间无偿援助的物资以及捐赠品、免税品、边民互市进出口货物、低值快速货物以及以邮报或快件方式向海关申报的跨境电商包裹等，不包括过境货物、暂时进出境货物、进出境展览品、租赁期一年以下的租赁进出境货物、进出境货币及货币用金、进出境旅客的自用物品（汽车除外）、进出境运输工具在境外添装的燃料物料和食品等。

二者主要存在以下几个方面的差异：

一是统计范围不同。支出法 GDP 中的进出口既包括货物的进出口，也包括服务的进出口；海关的进出口只包括货物的进出口。

二是计算价格不同。支出法 GDP 中货物出口和进口价值都按离岸价格计算（服务出口和进口价值按交易发生时的市场价格计算）；海关进出口总额中的进口按到岸价格统计，出口按离岸价格统计。货物到岸价格和离岸价格之间存在运输费用和保险费用等方面的差别。

三是确认标准不同。支出法 GDP 中的进出口以经济所有权的转移作为衡量标准，海关进出口统计以跨境和资源存量变化为依据。例如，对于来料加工贸易，由于货物的经济所有权没有发生变化，在支出法 GDP 中不计入货物进出口，只将获得的加工费记为加工服务出口；海关则在货物进出关境时按货物全值计入进出口总额。又如，支出法 GDP 中的出口包括非常住单位在我国境内直接购买的货物（如外国使领馆在我国境内购买的货物），进口包括我国常住单位在国外直接购买的货物（如驻外使领馆在驻地购买的货物），因货物未跨境，不计入海关进出口总额统计。

34. 规模以上工业企业实现出口交货值与海关发布的货物出口总值数据存在一定差异，如何看待这一现象？

规模以上工业出口交货值（以下简称工业出口交货值）指规模以上工业企业自营（委托）出口（包括销往香港、澳门、台湾地区）或交给外贸部门出口的产品价值，以及外商来样、来料加工、来件装配和补偿贸易等生产的产品价值。

海关发布的货物出口总值是以货币表示的一定时期内一国向境外出口的商品总金额。

工业出口交货值与货物出口总值均用以反映我国货物出口情况，两者具有相关性，但也存在一定差异。差异主要由于两者在统计范围、统计时点、统计价格等方面存在不同导致。具体体现在：

统计范围存在差异

一是工业出口交货值不包括规模以下工业企业生产的用于出口的商品，而海关货物出口总值包括。二是工业出口交货值不包括农业部门生产的用于出口的商品，而海关货物出口总值包括。三是工业出口交货值不包括我国贸易企业从国外进口未经加工再出口的货物，而海关货物出口总值包括。四是工业统计中，企业将产品交给外贸部门用于出口后，对后续实际出口情况不再掌握。若该外贸部门将出口转内销，则该笔交易产品仍计入工业出口交货值中，但不计入海关货物出口总值；反之，若工业企业生产的用于内销的产品转为出口，则该笔交易产品不计入工业出口交货值，但计入海关货物出口总值。

统计时点存在差异

工业出口交货值统计时点以工业企业实际销售时间为准，海关货物出口总值统计时点以海关报关为准，两者统计存在一定时间差。因此，当期货物出口总值未必是当期工业企业销售用于出口的产品价值，工业企业当期出口交货值可能由于流通、运输、报关等因素，并未计入当期海关货物出口总值。

统计价格存在差异

海关出口统计按货物离岸价格(FOB)作全值统计，包括货价和货物运至境内输出地点装载前的运输及其相关费用、保险费。工业出口交货值统计根据生产属性特点分为两种不同计算方法：一是对于本企业自备原材料生产的工业品出口，产品价值按实际销售数量乘以实际销售平均单价统计；二是对于来料加工产品，出口交货值按加工费收入统计。

【拓展阅读】

开往春天的列车，在如火如荼的工业车厢饱览江南韵致（2024年3月刊发于统计微讯）

35. 如何反映经济增长与能源消费增长的关系?

能源消费与很多经济现象相互依存和相互制约,认识经济增长与能源消费总量增长之间的关系,对于评估能源消费数据质量、评价节能减排成效、判断经济增长对能源消费的依赖程度等,是十分重要的。在统计上,通常用单位国内生产总值能耗、能源消费弹性系数等相关指标来反映能源消费与经济发展之间相互依存、制约的关系,其中最重要的指标是单位国内生产总值能耗。

单位国内生产总值能耗(Energy Consumption per Unit of GDP,简称单位 GDP 能耗),是指一定时期内一个国家(地区)每生产一个单位的国内(地区)生产总值所消耗的能源数量。当国内(地区)生产总值单位为万元时,即为万元国内(地区)生产总值能耗,其计算公式为:单位 GDP 能耗(吨标准煤/万元)=能源消费总量(吨标准煤)/GDP(万元)。单位 GDP 能耗可以直接反映经济发展对能源的依赖程度,即每创造一个单位的社会财富需要消耗的能源数量。单位 GDP 能耗越大,说明经济发展对能源的依赖程度越高。能源消费弹性系数反映经济增长对能源的需求强度,即当 GDP 每增长

1%时,能源消费量的增长速率。

单位GDP能耗是强度指标,因能源消费构成、产业、行业结构等不同,会导致不同国家、不同地区该指标在不同的发展阶段有一定差异,不能单纯看该项指标数据的高低、大小,还要客观地分析其指标含义及影响变化因素。当一个国家(地区)经济处于快速发展时期,基础建设投资对高耗能产品的需求旺盛,会表现出单位GDP能耗较高。当一个国家(地区)完成了工业化和城镇化进程,经济增长主要靠高新技术产业和服务业拉动时,单位GDP能耗则处于较低水平。现阶段,中国正处于新型工业化、新型城镇化进程中,能源需求相对旺盛,单位GDP能耗相比发达国家偏高。

我国自"十一五"时期将单位GDP能耗降低作为经济社会发展约束性指标以来,单位GDP能耗逐年下降,反映了我国产业行业结构、能源消费结构逐步调整和优化,能源技术、管理水平不断进步等经济发展特点,充分显示了我国节能降耗各项政策措施取得的成效。

36. 为什么全社会用电量与规模以上工业发电量存在一定差异?

曾有媒体报道称全社会用电量数据与规模以上工业发电量数据存在差异。为什么会存在这样的数据差异呢? 主要是由于这两个指标的调查对象、统计口径、调查范围都不同,但总的来看,两个指标数据是协调的。

一是统计口径不同

全社会用电量是从电力的使用方进行统计的,统计的是全口径全部用电量,既有企业的用电量,也有居民的用电量,还包括了发电厂的自产自用电、电力传输过程中的损耗量等。规模以上工业发电量是从电力的供给方进行统计的,统计口径是规模以上工业企业(年主营业务收入2000万元及以上)的发电量,不包括规模以下工业企业,不是全口径的发电量。

二是受部分分布式发电的影响

近年来广泛分散、体量较小的分布式太阳能和风力发电迅猛发展,而且较多分布在各类民居、商户和部分规模以下工业企业中,这部分发电量因发电规模较小,未达到规模以上工业统计标准，有些还是商户和居民，因此没有统计在月度规模以上工业发电量中，对于这部分分布式发电量，会统计在年度全社会发电量中。规模以上工业企业发电量约占全社会发电量的95%左右，其为月度统计，数据一般在次月中旬发布；全社会发电量为年度统计，数据在次年2月底公布的年度国民经济和社会发展统计公报中发布。

统计指标有其特定的含义和范围，在使用中要注意区分不同指标之间的关系，更加准确地使用数据进行科学分析。

37. 服务业生产指数与服务业增加值增速是什么关系？服务业生产指数的主要用途是什么？

服务业增加值增速和服务业生产指数都是衡量服务业在一定时间内产出变动情况的指标，均剔除了价格因素的影响。其中，服务业增加值是指服务业在生产过程中创造的净增值，是衡量服务业对国民经济贡献的重要指标，服务业增加值增速是指当期的不变价服务业增加值除以上年同期同基期不变价服务业增加值再减去100%，反映了一定时期内服务业经济发展的趋势和变动程度，是服务业的“全面体检报告”，通常按季度和年度发布；服务业生产指数是指剔除价格因素后，报告期相对于基期的产出变化，是服务业的“快速体检报告”，反映服务业的短期波动，通常按月度发布。这两者虽然都是衡量服务业的指标，但它们关注的焦点和范围有所不同。具体来说：

基础数据使用有所不同

服务业增加值增速为季度数据，而服务业生产指数为月度数据。由于数据频度不同，两者使用的基础指标和价格缩减指数不完全相同。

行业门类涵盖范围不同

季度服务业增加值增速范围为《国民经济行业分类》(GB/T 4754—2017)中除第一产业、第二产业以外的其他行业。相比之下,服务业生产指数仅包括从批发和零售业到文化、体育和娱乐业共13个行业门类中的40个行业大类。

经济活动涵盖范围不同

服务业生产指数综合考虑月度数据的可获得性以及生产指数与经济周期的关联性,目前仅包含各行业大类的市场性活动,而不包括科学研究和技术服务业、教育、卫生和社会工作等3个行业门类的非市场性活动。

服务业生产指数的编制填补了我国月度服务业综合性统计数据的空白。它成为及时监测服务业短期生产运行态势的重要统计产品,为各级政府、研究机构和社会公众分析服务业短期变动情况提供了宝贵的统计资料,为更准确地把握服务业的短期经济动态、更有效地开展经济预测和分析提供了统计依据。

服务业增加值增速和服务业生产指数都是经济分析的重要工具,能帮助我们更好地理解经济的发展变化,更加清晰地观测服务业的发展情况。

38. 服务零售额统计哪些内容？与社会消费品零售总额是什么关系？

随着我国经济由高速增长阶段转向高质量发展阶段，消费对经济发展的基础性作用逐步增强，消费结构不断转型升级，消费形态逐渐由商品消费为主向商品和服务消费并重转变。从全国居民人均消费支出的数据来看，服务性消费占比已经超过了 40%。社会消费品零售总额作为月度反映消费市场发展情况的主要指标，在反映我国消费市场动态发展方面发挥了重要作用。但从统计口径来看，社会消费品零售总额侧重于反映实物商品的消费，包括商品零售和餐饮收入，但是没有包括餐饮服务以外的其他服务消费，难以全面反映消费市场的发展情况。这些变化要求统计工作对相关经济指标进行更新和完善，为此国家统计局开展了贸经统计方法制度改革，拓展消费统计的范围，建立反映服务消费发展情况的指标，即服务零售额，从而为更加全面反映经济发展、更好服务政策制定提供丰富的数据支持。为帮助社会各界了解服务消费的状况，国家统计局自 2023 年 8 月份开始按月发布服务零售额累计增速数据。

服务零售额指的是服务行业企业(产业活动单位、个体户)以交易形式直接提供给个人和其他单位非生产、非经营用的服务价值的总和,涵盖交通、住宿、餐饮、教育、卫生、体育、娱乐等领域服务活动。简而言之,服务零售额是统计服务行业经营者为消费者提供各种服务所获得的营业收入,从"卖方"角度来观测和反映服务消费发展变化情况。

服务零售额有效补充了社会消费品零售总额未覆盖的服务消费部分,具体来看,这两个指标存在一定的交叉,主要交叉部分是餐饮收入。作为一种特殊形式的商品销售,餐饮收入被统计到社会消费品零售总额中。同时,餐饮服务也属于一种服务性消费,餐饮收入自然也统计到服务零售额当中。

39. 为什么公安部门公布的户籍人口数据与国家统计局公布的人口相关数据存在一定差异?

人口状况是一个国家最基本的国情。我国一直是世界人口大国,当前我国人口发展面临新形势,正确理解和认识人口数据对于了解国情国力,把握新时代的人口变化趋势特征,制定人口发展规划,进行人口科学研究,都有十分重要的意义。统计部门通过人口普查获取普查年份总人口、常住人口地区分布等数据,通过抽样调查获取人口变化情况数据,推算非普查年份总人口、常住人口地区分布及人口出生、死亡、流动等数据。统计部门公布的分省人口数据为常住人口数据,统计的是经常居住在某一地区的人口,以半年为标准来区分常住与非常住,即常住人口指实际经常居住在某地区半年以上的人口。

公安部门依据《中华人民共和国户口登记条例》对中华人民共和国公民进行常住户口登记,其公布的人口数据是已在公安户籍管理机关登记了常住户口的人口数据。受部分出生人口未及时登记落户和死亡人口未及时注销户口等因素的影响,户籍人口数据与统计部门的总人口数据存在一定差异。改革开放以来,随着经济社会的快速发展,我国的城乡之间、城市与城市之间人口流动的规模不断扩大,很多流动人口的户籍并未改变,使得统计部门公布的常住人口地区分布与户籍人口的地区分布产生较大差异,这些差异也是对人口流动规模的反映。

【拓展阅读】

人口普查,一次跨越 67 年时光的旅行(2020 年 8 月刊发于统计微讯)

我国人口数据到底如何统计?这些知识点要了解(2021 年 5 月刊发于人民网)

40. 人均工资性收入与平均工资是一个概念吗?

人均工资性收入和平均工资两个指标很相似,都包含“工资”的字眼,但其实分别来自国家统计局两个不同的调查制度,调查对象、调查方法以及数据用途都不相同。

从调查对象看

人均工资性收入是人均可支配收入中的一个细项指标,属于住户调查的内容,是从老百姓家里调查得到的数据。而平均工资是通过对法人单位进行调查得到的单位就业人员工资水平。

“人均”和“平均”的分母不同

人均可支配收入中的“人均”是将家庭常住人口全部计算在内,无论是否有收入。而平均工资中的“平均”是将法人单位中的就业人员作为分母,也就是有工作并领取工资的人。

两个指标各有用途

人均工资性收入反映的是居民的工资性收入水平,而平均工资则是反映劳动就业情况的重要指标,是劳动力价格的刻画。

【拓展阅读】

乘坐这趟列车，跟着住户调查去感受岭南冬韵(2023 年 11 月刊发于统计微讯)

41. 居民可支配收入水平与个人所得税是什么关系？

在我们的日常生活中，税单和工资单是两个重要的财务记录，它们不仅关系到大家的经济状况，也反映了国家经济的宏观调控成果。通常情况下，纳税人的收入增加，则需要缴纳的个人所得税会相应增加。居民的可支配收入与税务部门征收的个人所得税之间虽然存在较强的关联，但是由于两者在统计方式和范围口径上的差异以及税收政策的变化，居民可支配收入的增长与个人所得税的增长并不总是同步。

首先，居民可支配收入和个人所得税的统计方式和覆盖的人口范围不同。居民可支配收入数据是以家庭为单位进行统计，覆盖的人口范围是全体居民，收入涵盖家庭常住人口的工资性收入、经营净收入、财产净收入和转移净收入。而个人所得税的征税对象是个人，且主要集中在城镇区域收入超过纳税起征点的从业人员。个人所得税的统计对象仅是全体居民的一部分，这意味着个人所得税的增减还不能全面反映所有居民的收入变化情况。

其次，个人所得税征税的范围不仅包括工资薪金所得，还包括经营所得、利息、股息、红利所得以及房屋转让所得和股权转让所得等财产转让所得，每一项所得的变化都会影响到个人所得税的增长。

最后，税收政策的调整也会影响个人所得税的缴纳情况。例如，政府可能会根据经济发展需要，调整税率或提高专项附加扣除标准，这可能导致部分居民的可支配收入增加，而缴纳的个人所得税减少。2023 年 8 月，国务院印发《关于提高个人所得税有关专项附加扣除标准的通知》，提高了婴幼儿照护、子女教育、赡养老人等专项附加扣除的标准，这可能会导致部分居民可支配收入增加，但缴纳的个人所得税减少。

综上所述，居民可支配收入与个人所得税之间的关系是复杂且多维的，在对两类数据进行分析比较时，要充分考虑多方面因素的影响，才能做出比较准确的判断。

42. 劳动年龄人口、劳动力人口、就业人口和失业人口分别是指什么？失业率、就业人口比、失业人口比和劳动参与率如何计算？

就业事关个人、家庭、社会方方面面，要准确衡量全社会的就业状况，就业统计尤为重要。在就业统计中有许多统计指标，我们要明确并区分这些指标的含义。

劳动年龄人口、劳动力人口、就业人口、失业人口的含义

劳动年龄人口，一般指一定年龄以上的人口。《中华人民共和国劳动法》规定的合法起始就业年龄为16岁，我国劳动力调查中的劳动年龄人口是指16岁及以上的人口，它反映的是潜在的劳动力供给数量。政府在制定人口及经济社会发展等政策时，会充分考量劳动年龄人口的变化。

劳动力人口，是指16岁及以上，在一定时期内实际参加或要求参加社会经济活动的人口，反映现实的劳动力供给数量。劳动力人口中实际参加社会经济活动的就是就业人口，实际未参加但要求参加社会经济活动的

就是失业人口。因此,劳动力人口在数量上等于就业人口与失业人口之和。

就业人口,是指16岁及以上,在调查参考期内(通常指调查时点前一周),为了取得劳动报酬或经营收入而工作了一定时长以上的人,也包括休假、临时停工等在职但未工作的人口。就业人口既包括有稳定工作的人,也包括从事临时性工作的人;既包括正在工作的人,也包括有工作但因某种原因而暂未工作的人;既包括在公司、工厂、政府部门等单位工作的人,也包括从事个体经营、自由职业以及受雇于居民家庭从事家政服务的人。

失业人口,是指16岁及以上,在调查参考期内(通常指调查时点前一周)未处于就业状态,在过去一段时间内采取了某种方式寻找工作或正在等待参与一份即将开始的工作,如有合适的工作机会能马上开始工作的人口。

劳动年龄人口、劳动力人口和非劳动力人口、就业人口和失业人口的关系如下图所示:

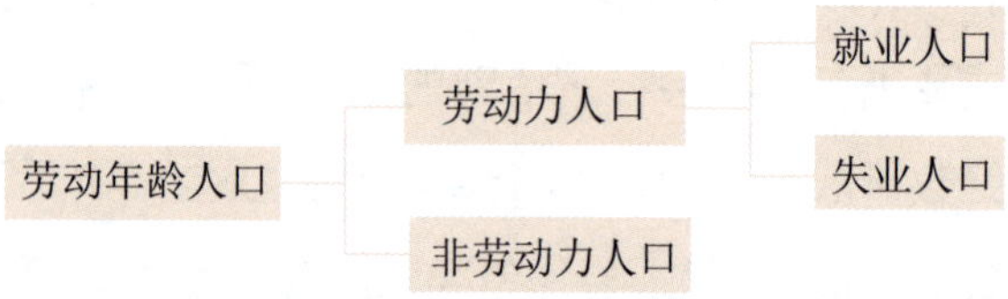

失业率、就业人口比、失业人口比、劳动参与率的含义

失业率，是指失业人口占就业人口与失业人口之和的百分比。计算公式为：

$$失业率=\frac{失业人口}{就业人口+失业人口}\times 100\%$$

失业率反映了一定时期内劳动力市场的供需状况，是政府判断经济形势、改进宏观调控和制定就业政策的重要依据，世界上大多数国家都把稳定就业、降低失业率作为宏观经济政策的核心目标。

就业人口比，有时也称为就业率，是指就业人口占劳动年龄人口的百分比。计算公式为：

$$就业人口比=\frac{就业人口}{劳动年龄人口}\times 100\%$$

失业人口比，是指失业人口占劳动年龄人口的百分比。计算公式为：

$$失业人口比=\frac{失业人口}{劳动年龄人口}\times 100\%$$

劳动参与率，是指劳动力人口(包括就业人口和失业人口)占劳动年龄人口的百分比。劳动参与率可以反映劳动力市场的活跃程度。计算公式为：

$$劳动参与率=\frac{就业人口+失业人口}{劳动年龄人口}\times 100\%$$

四 如何看待统计数据

随着大数据和信息化技术的发展，统计作为认识社会的重要工具，使用范围日渐扩大，但对于如何看待统计对经济社会发展的作用、具体统计指标的适用范围等，社会和网络中误读误用仍然较多。本部分将直面近年来讨论比较多的统计数据问题，介绍数据背后的专业理论知识和背景，以及统计数据的作用和局限，希望有效解答公众关切，助力大家更加科学使用数据准确分析经济现象。

43. 如何看待宏观数据与微观感受存在差异的问题？

随着经济社会的快速发展以及各界对统计数据的关注提升，近年来，关于宏观统计数据与微观个体感受之间存在差异的讨论较多。感受存在差异，是多种因素共同作用的结果，既反映了经济恢复的不平衡性，也与很多统计指标存在偏态分布有关，既有经济发展的客观性，也需要准确理解统计指标的特定含义。

一是受长短期等因素交织影响，经济恢复发展不平衡带来整体与局部的差异

从长期发展阶段看，我国经济已由高速增长阶段转向高质量发展阶段，当前正处在经济社会转型关键期，仍然存在发展的不平衡不充分问题，很多行业发展面临的市场空间、要素禀赋、环境制约等都发生了变化，行业间发展状况存在差距。从短期经济恢复看，疫情防控转段后经济整体上持续恢复，但不同经济个体的恢复进程不同，行业企业间恢复状况不同。例如，需求的恢复不如生产、中小微企业的恢复不如大企业、不同行业不同

类型企业盈利差异大、新产业新模式发展快而传统行业恢复慢。因此，微观主体从不同领域和角度看待发展，其感受与全国总体情况就会存在一定差异。从工业行业来看，2023 年在 41 个工业大类行业中，有 28 个行业增加值同比增速低于全部规模以上工业平均增速，其中企业数量较多的建材、纺织服装、家具等行业增加值增速分别低于全国 5.1 个、12.2 个、11.3 个百分点。从企业规模来看，数量少但产值占比大的大企业发展空间、抗风险能力强于小微企业，数量众多的小企业在市场环境变化时，经营状况和预期波动较大，就会与宏观经济总体发展感受不一致。

二是部分统计民生调查指标呈偏态分布，平均数的应用和对比出现感受偏差

统计科学不断普及，统计术语日益进入大众话语体系，但也对准确使用统计数据带来了挑战，其中一个容易引起误用的术语就是平均数。在统计上，平均数用来表示一组数据的集中趋势，是使用样本推断总体的关键统计量，因此使用平均数是多数统计调查的惯例，也是综合反映经济社会发展的必要方式。但由于统计分布不同，个体数据与平均数的比较会有不同感受，正态分布下个体与平均值比较相对易理解，但偏态分布下的直

观感受可能会有差距，从身高和收入两个指标举例就能看出这种区别。人群的身高呈正态分布，也就是中位数与平均数相同，每个人的身高与统计调查得到的平均数虽有差异，但这种差别易于理解和接受，甚至进行细化分组，个体与不同性别、不同地区、不同年龄的平均身高进行对比，差异都是直观的、符合感受的。而收入呈偏向高收入的偏态分布，也就是收入的中位数低于平均数，超过半数的调查户人均收入低于全国平均数，公众将自己的收入与全国居民人均可支配收入进行比较，则容易感到“被平均”。2023 年，全国居民人均可支配收入 39218 元，中位数为 33036 元。因此，准确客观分析经济现象，不仅要运用平均数，也需要分析结构性数据。为更好反映结构性特征，国家统计局在发布居民收入平均数的同时，还发布中位数、五等份收入等数据，帮助社会各界客观准确理解这一现象。

三是统计指标专业性强，需要准确理解其含义和调查方法

首先，统计指标具有严格的定义和特定的使用范畴，我们如果对指标理解不够准确全面，就可能会产生对数据判断的偏差。同样，以人均可支配收入为例，大家往往将其等同于个人工资收入，但实际上，可支配收

入指标包括人均工资性收入、经营净收入、财产净收入、转移净收入四个部分，是全面的收入概念，而且这一指标是家庭户的人均收入水平，而不是有工作人员的个体收入水平。其次，区别相似统计指标的调查范围和含义也很重要。2023年底关于全社会用电量和规模以上工业发电量数据差距的讨论，是源于不同指标口径范围、调查对象不同，全社会用电量是从需求角度统计的全口径数据，而规模以上工业发电量统计是从供给角度对主要发电企业情况的调查，约覆盖95%左右的发电量，方便快捷且有效反映发电变化情况，这两个数据并不矛盾。再者，有相互关联的统计指标，由于使用目的、统计范围、计算方法等不同，不能简单将其一一对应。例如，关于拉动经济增长的“三驾马车”，即最终消费支出、固定资本形成总额、净出口，大家容易将其分别等同于社会消费品零售总额、固定资产投资额、海关统计的货物贸易出口额三个指标，但实际上两类存在较大差异。“三驾马车”是从货物和服务最终使用的角度衡量生产活动成果，核算过程不仅需要社会消费品零售总额、固定资产投资额、进出口贸易等统计监测指标，也需要众多其他统计和财务资料，其含义、范围存在较多不同(具体差异可参考本书第三部分内容)。

44. 为什么使用平均数?

统计学上的平均数有数值平均数和位置平均数。前者是指算术平均数、调和平均数和几何平均数;后者是指中位数、众数。

为什么要在统计上使用平均数?我们既可以用平均数来反映一组数据的一般情况,也可以用它进行不同组数据的比较,以此看出组与组之间的差别。用平均数表示一组数据的情况,有直观、简明的特点。因为对于一组庞大的数据,无法分析所有数据,就需要选取合适的代表值来表达这组数据的特征,平均数无疑是其中最重要的代表之一。

算术平均数反映了数据集中趋势,刻画了一组数据的平均水平。简单算术平均数是一组数据中所有数据之和除以数据的个数,例如平均工资,即用在报告期内调查的各单位工资总额除以平均人数。加权算术平均数是将变量乘以权数求出标志总量,把权数相加求出总体总量,然后用前者除以后者,它适用于对分组的统计资料计算平均数。算术平均数的优点是利用了所有数据的特征,但不足之处在于因为利用了所有数据的信息，容易受极端数据的影响。

中位数和众数也是反映数据集中趋势的统计量。前者是指将数据按大小顺序排列起来，形成一个数列后，居于数列中间位置的那个数据，它刻画了一组数据的中等水平。后者是指一组数据中出现次数最多的数值，有时众数在一组数中有好几个，它刻画了一组数据的多数水平。中位数和众数的特点是能够避免极端数据的影响。

在使用平均指标时，我们要理解平均数的含义，根据需要选择合适的指标数据。一是平均数只能反映一组数据的总体情况，而不能代表其中某个个体的情况。二是在使用平均数指标时，还要结合总量指标、结构指标等进行综合分析，才能客观反映一组数据的总体情况。在分析规模差距较大的不同个体时，需要同时综合使用平均数指标和结构性指标，如分地区、分品类、分行业数据等，进行全面客观分析。例如，国家统计局在发布平均工资数据时，还发布分行业、分地区、分经济注册类型、分岗位工资数据情况，以更加客观全面地反映全国工资水平的总体情况。

45. GDP 数据为什么需要修订?

对 GDP 数据进行修订是国际通行做法。世界各国 GDP 数据都不是一锤定音,都根据更加完整、可靠的基础数据不断修订。GDP 的数据修订包括当期(当季、当年)数据修订和历史数据修订。GDP 当期数据修订主要是在获得更全面更详实的当期基础资料后,对原有 GDP 数据所做的修订;GDP 历史数据修订一般是根据经济普查资料或因核算方法发生重大改变时,对以前年度和季度的 GDP 数据所做的修订。

GDP 核算的两个步骤

根据我国 GDP 核算和数据发布制度规定,我国年度 GDP 核算和季度 GDP 核算均分为初步核算和最终核实两个步骤。为什么需要最终核实呢? 各种专业统计数据,如物价、收入、人口、工资、粮食产量等报表汇总后经过审核无误就可以汇总公布了,一般不会再调整。而 GDP 数据和专业统计数据不同,需要依据大量的基础资料进行核算。基础资料获得的越充分、质量越好, GDP 数据的准确性越高,能够更好地反映国民经济发展的实际情况。GDP 初步核算数据通常更注重时效性,优先考虑基础数据的可获得性,因此主要利用专业进度统计资料以及一些部门的行政记录数据进行推算得到。之后,随着可以获得的基础资料不断增加和完善,会利用更加全面、详细的基础资料,例如专业统计年报、部门财务统计资料和财政决算资料等对 GDP 数据进行修订,使其更加准确地反映经济发展实际情况。

GDP 历史数据的修订

当发现对 GDP 数据有较大影响的新的基础资料,或核算方法及分类标准发生变化时,也需要根据最新的资料与核算方法对 GDP 历史数据进行修订,以保证 GDP 数据的历史可比性。例如,2016 年,我国采用了联合国等五大国际组织联合颁布的新国民经济核算国际标准《国民账户体系 2008》,将能够为所有者带来经济利益的研发支出作为固定资本形成处理,由此影响到增加值等指标的核算,为此国家统计局对 GDP 历史数据进行了修订并发布。此外,在全国经济普查之后,由于获得了更为丰富的 GDP 核算资料,也会对历史 GDP 数据进行修订。例如,在 2018 年全国经济普查后,国家统计局对 2014 年(2013 年为第三次全国经济普查年)以来的 GDP 和分行业增加值数据,以及 1952 年至 2013 年的分行业增加值数据进行了统一修订。

对 GDP 数据进行修订是国际通行做法。由于核算 GDP 所需基础数据的差异，以及统计调查体系的差异，各国都会根据自己的情况制定 GDP 数据修订程序，例如美国、加拿大的季度 GDP 数据一般需要修订 4 次以上。

【拓展阅读】

GDP 数据能够真实地反映我国经济增长状况吗?（2021 年 4 月刊发于人民网）

46. 国家统计局公布居民人均可支配收入数据时，一些网友感慨自己“拖后腿”“被增长”，对此应如何看待？

每当“人均收入”数据出炉，总会有人感到不解，为什么自己的收入总是低于平均收入呢？还有人在网上晒出自己的“工资条”，询问平均收入是如何算出来的？有的甚至质疑数据的真实性，觉得自己的收入无论如何也达不到公布的水平，自嘲“拖后腿”。而实际上收入“被增长”的感受，是由于可支配收入的含义与对收入的直观理解不同。

首先，居民可支配收入不仅仅是工资收入

居民可支配收入是指居民可用于自由支配的收入，既包括现金收入，也包括实物收入。可支配收入有四种来源：一是工资性收入，除工资外，还有奖金、津贴、过节费、来自单位的实物收入等；二是经营净收入，是从事生产经营活动所得到的净收入，由全部生产经营收入中扣除生产成本、固定资产折旧和税金后所得；三是财产净收入，指家庭从拥有的动产（如银行存款、有价证券）、不

动产(如房屋、车辆、土地、收藏品等)所获得的收入,包括存款利息、股票红利、房屋租金等;四是转移净收入,指国家、社会团体以及居民家庭间的转移性收入扣除转移性支出后的净收入,主要包括养老金和离退休金、社会救济和补助、赡养收入等。如在一家企业上班的张三有一套公寓租给房产中介,平时还与朋友合伙经营一家网店,计算他家的可支配收入时,除了张三的工资性收入外,还需要加上出租房屋收入和网店的盈利所得。再如,李四在本地打零工,爱人在家养猪、种玉米,他们一家的收入就应该包括打工收入和出售生猪和玉米的收入刨去成本和圈舍、农机具折旧后的净收入。

其次,可支配收入是全国居民平均水平的刻画

居民可支配收入通过对来自全国各地的约 16 万户记账户的调查数据汇总后计算出来。16 万户记账户包含城镇和农村家庭,分布于全国 31 个省(自治区、直辖市)约 2000 个调查县(市、区),覆盖了高中低各类收入层次的家庭。各个家庭之间收入水平不可能完全接近,总是存在一定差距,而人均可支配收入是一个平均数,反映的是一般水平。从统计角度来说,通常有一半以上家庭的收入水平低于平均收入水平。同时,由于居民收入呈现偏态分布,高收入家庭对平均数的影响相对较

大，低收入家庭对平均数的影响较小，这就导致了很多人感觉自己的收入“被增长”了。

“拖后腿”“被增长”是一种个人感受，不同收入群体的感受不同，较低收入的群体更希望自己的收入能快速增加，更能感受到自己收入和平均水平的差距，而高收入群体对收入增长和平均水平比较等感受不明显。因此，要综合使用多种收入指标来了解自身收入水平的相对状况。除了平均收入，国家统计局还发布了全国居民收入中位数和按收入五等份分组的人均收入，客观反映收入差距和收入分配情况，也便于不同收入层次的居民更好地了解自身收入的相对状况。中位数是将所有调查户按人均可支配收入水平从低到高顺序排列，处于最中间位置的调查户的人均可支配收入。例如，2023 年我国居民人均可支配收入为 39218 元，人均可支配收入中位数为 33036 元，中位数小于平均数。2023 年按人均可支配收入从低到高进行五等份分组，全国居民低收入、中间偏下、中间、中间偏上和高收入组居民人均可支配收入分别为 9215 元、20442 元、32195 元、50220 元和 95055 元。

【拓展阅读】

居民收入如何统计？一图读懂“住户调查”(2022 年 11 月刊发于人民网)

“可支配收入”就是拿到手的工资吗？一图看懂！(2019 年 1 月刊发于统计微讯)

47. 如何从结构数据观察居民收入的分布情况？

居民人均可支配收入是用来衡量百姓收入水平，进而反映居民生活水平、福祉状况的主要指标，为制定保障和改善民生的政策提供重要参考依据，受到社会各界广泛关注。为反映居民收入的分布与差异情况，除了居民人均可支配收入外，国家统计局还会发布以下类型结构数据，从不同角度反映居民收入分布情况。

收入中位数

即将所有调查户按人均可支配收入水平从低到高顺序排列，中位数就是处于最中间位置调查户的人均可支配收入，也就是说有一半的调查户人均收入会高于中位数，有一半的调查户人均收入会低于中位数。中位数与数据的排列位置有关，因此不受数据极端值的影响。2023 年全国居民人均可支配收入中位数为 33036 元，比 2022 年增长 5.3%，低于平均数增速 1.0 个百分点，全国居民人均可支配收入中位数为平均数的 84.2%。相比较于人均收入，收入中位数更贴近普通民众的实际生活水平，与平均数综合使用可以更好反映收入差异。

收入五等份数据

即将所有调查户按人均可支配收入水平从低到高顺序排列，平均分为五个等份，再分别计算每组的人均可支配收入，这一分组数据直观显示了居民收入的差异。2023 年按人均可支配收入从低到高进行五等份分组，全国居民低收入、中间偏下、中间、中间偏上和高收入组居民人均可支配收入分别增长 7.1%、5.9%、5.2%、6.0%和 5.5%。其中，低收入组居民人均可支配收入为 9215 元，比上年增长 7.1%，在五等份分组中增长相对最快，收入增速快于全国居民增速 0.8 个百分点，高收入组人均可支配收入 95055 元，比上年增长 5.5%，低于全国居民人均可支配收入增速 0.8 个百分点。高低收入组居民收入相对差距由 2022 年的 10.48 缩小至 2023 年的 10.32。居民收入五等份数据提供了关于居民收入分布的全面视角，有助于我们更好地了解居民收入水平的差异和变化情况。

分地区居民收入

国家统计局除了发布按城乡、按省份分组的收入数据外，还发布东部、中部、西部、东北四大区域的居民收入。分城乡看，2023 年城镇居民人均可支配收入 51821

元，比上年实际增长4.8%；农村居民人均可支配收入21691元，实际增长7.6%。城乡居民人均可支配收入之比为2.39，比2022年下降0.06。分区域看，2023年东部、中部、西部和东北地区居民人均可支配收入分别同比名义增长5.9%、6.0%、6.3%和5.7%。中部和西部地区居民收入增长相对较快，以西部地区为1，东部与西部地区居民人均可支配收入之比由2022年的1.61缩小至1.60，下降0.01，地区间居民收入差距进一步缩小。由于我国地区之间发展不均衡问题尚存，分地区居民收入能够反映出地区之间居民收入差距的变化。

基尼系数

指在全部居民收入中，用于进行不平均分配的那部分收入占总收入的百分比，是综合考察居民内部收入分配差异状况的一个重要分析指标。基尼系数是根据洛伦茨曲线，即收入分布曲线计算的。当社会中每个人的收入都一样、收入分配绝对平均时，基尼系数是0；当全社会的收入都集中于一个人、收入分配绝对不平均时，基尼系数是1。现实生活中，上述两种情况都不可能发生，基尼系数的实际数值只能介于0—1之间。基尼系数能比较全面客观地反映居民之间的贫富差距。通常而言，与面积或人口较小的国家相比，地域辽阔、人口众多和自然环境差异较大国家的基尼系数会高一些。经济处于起步阶段或工业化前期的国家,基尼系数要大一些。2023 年我国居民人均可支配收入基尼系数为 0.465,比上年下降 0.002,与 2019 年持平。党的十八大以来,全国居民人均可支配收入基尼系数累计下降 0.009,呈现总体下降态势。基尼系数由于给出了反映居民之间贫富差异程度的数量界线,可以较客观、直观地反映和监测居民之间的贫富差距,预报、预警和防止居民之间出现贫富两极分化,因此得到世界各国的广泛认同和普遍采用。

48. 每次公布平均工资数据以后，一些群众反映自己"被平均"了，是什么原因？如何使用平均工资数据？

平均工资是一个重要的民生指标，与百姓的生活密切相关，是国家制定就业、收入分配和社会保障等宏观调控政策的重要依据，受到政府和社会各界的高度重视。同时，平均工资也是一个有很多特定统计含义的专业概念，要正确理解和使用。

全面客观看待平均工资指标

平均工资一般指单位就业人员在一定时期内平均每人所得的工资额。目前的工资统计以法人单位为统计对象，平均工资是利用法人单位的工资总额除以本单位平均就业人数计算而来。

首先，平均工资不等于个人工资。平均工资是反映工资总体情况的指标，是由统计部门根据每个单位上报的数据汇总计算得出的平均概念。平均数是描述总体状况的重要指标，但由于单位所处行业、所在地区和经营状况各不相同，各单位的工资水平也有高有低。因此,不能简单拿个人工资与总体平均工资进行直接比较。

其次,平均工资是扣除税费前的工资。公众对工资收入的理解往往是依据拿到手的实发工资,但统计部门统计的工资是扣除税费前的工资,接近应发工资的概念。根据国务院批准发布的《关于工资总额组成的规定》和国际上工资统计的通常做法,单位工资统计数据不仅包含个人实发到手的工资,还包括单位从个人工资中代扣、代缴的个人所得税、公积金以及养老、医疗、失业保险基金个人应缴纳部分等。所以,统计部门公布的平均工资比个人实际拿到的工资水平更高一些。

另外,平均工资的变化不同于个体工资的变化。总体平均工资变化既受每个人工资水平变化的影响,又受单位就业人员构成变化的影响。

平均工资指标主要用于宏观政策的研究和制定,不适合与具体个人工资水平进行比较。要更加准确地了解平均工资差距及其变动情况,不仅要看总体平均工资水平,还要结合更详细的分地区、行业、登记注册类型等分组数据进行具体分析。

平均工资数据用途广泛

一是平均工资是制定各地区、各行业工资标准和进行劳动力成本核算的依据，是进行国际比较、评估国际竞争力的重要数据。

二是平均工资反映国民收入初次分配的基本状况和变化，对国民经济核算、研究制定收入分配政策至关重要。

三是平均工资是征缴和支付各项社会保险的重要依据和作为赔偿制度的基础数据。此外，平均工资还具有一定的市场参考价值。比如一些企业在进行投资设厂布局时，为了节约人工成本，也会参考地区间平均工资差距。

【拓展阅读】

关于平均工资的几个真相！（2019 年 5 月刊发于统计微讯）

平均工资数据公布时 为何总感觉自己“拖后腿”？（2021 年 4 月刊发于人民网）

49. 为什么 CPI 与部分公众感受不一致？

感知差异在许多统计指标中都存在，各国皆面临同样的问题。产生差异的原因很多，就居民消费价格指数(CPI)而言，主要有以下几个方面。

一是个体与总体、部分与全部的差异

CPI 是一个综合统计指标，从影响人群看，既包括城镇居民，也包括农村居民；既包括高收入者，也包括低收入者；既包括东部地区居民，也包括西部地区居民。每个消费者的消费结构不同、所处地区不同，对反映总体的 CPI 的感受也会有差异。从统计内容看，CPI 包括食品烟酒、衣着、居住、生活用品及服务、交通通信、教育文化娱乐、医疗保健、其他用品及服务等八大类、268 个基本分类，共计约 60 万个规格品，其中既有价格上涨的商品，也有价格下降的商品。每个消费者感受到的商品和服务的价格变动通常为这些规格品中的一部分，若仅用个体对部分商品价格的感受，与反映综合水平的 CPI 比较，必然会感觉到差异。

二是感知度的差异

消费感受和消费频率会影响消费者的感知度。一

般来说，消费者对价格上涨更为排斥，因此对于物价上涨的感受比物价下跌更深。对于自己经常消费的商品或一些生活必需品的价格变动感受更为明显，如更易于感觉到猪肉、鸡蛋、鲜菜、鲜果等商品的价格变动；而对于不经常消费的商品和服务，如汽车、手机、家用电器、飞机票等，即使价格下降幅度较大，个人感受也并不明显。

三是对比时间的差异

CPI 主要公布的是环比和同比指数，对比时间分别为上月和上年同月。一般来说，消费者对近期价格变动比较敏感，更侧重于短期环比变化。而经济分析中通常采用同比变化，由于对比时间跨度为一年，且同比会受到上年同期基数的影响，走势上与环比存在差异，与人们关于近期价格变动的感受就会存在不同。

四是价格指数与绝对价格的差异

价格指数是反映价格变动的相对数，绝对价格高并不意味指数涨幅也高，人们对绝对价格的感受不同于指数涨幅。例如，A 地猪肉价格由每斤 10 元涨至 20 元，涨幅是 100%；B 地猪肉价格由每斤 15 元涨至 25 元，涨幅是 66.7%。虽然 B 地的猪肉价格高于 A 地，但价格涨幅却是 A 地更高。

【拓展阅读】

为什么 CPI 与我们的感受有差异?（2021 年 3 月刊发于人民网）

万万没想到,CPI 还能帮你理财?（2024 年 4 月刊发于统计微讯）

50. CPI 权数是如何确定的？能否反映真实的消费结构？

居民消费价格指数(CPI)是度量一定时期内居民消费商品和服务价格水平变动的相对数，综合反映了居民消费商品和服务价格水平的变动趋势和变动程度。由于 CPI 是一个综合性指标，每类商品或服务在居民日常消费支出中的“份额”并不相同，因此商品或服务的价格变动对 CPI 变动的影响程度就会存在差异，为了使 CPI 能够反映真实的居民消费商品和服务价格水平的变动趋势和变动程度以及消费结构，就需要科学地确定每类商品或服务在居民日常消费支出中的“份额”，即“权数”。

权数的概念

CPI 编制通常选取一定时期内居民经常消费的、对居民生活影响相对较大的、有代表性的、固定数量的商品和服务作为“篮子”，CPI 权数是“篮子”中每一类商品或服务的消费支出在居民消费商品和服务总支出中所占的比重，能够反映某类商品或服务的价格变动对总指数变动的影响程度。例如，某一时期全国居民消费总支出为 10000 元，其中食品消费支出为 2000 元，衣着消费支出为 900 元，则食品权数为 2000÷10000＝20%，衣着权数为 900÷10000＝9%。当食品和衣着价格均上涨 10%，尽管价格变动幅度相同，但由于食品在 CPI 中的权数高于衣着，食品价格变动对 CPI 的影响就要大于衣着价格变动的影响。

CPI 权数的确定

为了最大限度反映真实的消费结构，在实际编制全国 CPI 时，权数的确定主要根据国家统计局开展的全国住户收支与生活状况调查中城乡居民家庭消费支出资料，并辅以权数专项调查资料、其他部门的行政记录及专家评估意见等补充完善。例如，CPI 调查项目目录中“食品烟酒一食品一调味品”中分为“食用盐”“酱油”“食醋”“增味剂”及“其他调味品”，住户收支与生活状况调查中只有一个调味品的总支出额，没有分类数据，这时就需要在部分超市、菜市场展开专项调查，根据每种调味品的销售额，计算其在调味品总支出额中所占的比例，从而得到相应的权数。再比如，CPI 调查项目目录中的“医疗保健一医疗服务”中，具体分为“综合医疗类”“诊断类”“康复类”“治疗类”“中医医疗服务类”及“其他医疗保健服务”,住户收支与生活状况调查中没有这样细的分类数据,这时就需要参考卫生部门医疗服务的相关数据,对医疗服务的权数进行测算。

以现行 CPI 来说,本轮基期权数确定于 2020 年,基本能够客观反映我国居民消费结构。与同期居民消费支出数据对比,大类差异仅在 0.5 个百分点之内。与 2015 年基期权数对比,本轮基期中食品烟酒、衣着等类别权数有所下降,居住、交通通信、医疗保健等类别权数有所上升,这种变动趋势是符合经济社会发展规律的,也与大多数居民感受相符。

51. PPI与CPI之间的传导关系是什么?

在分析引起CPI变化的原因时,经常会提到价格传导问题。简单地说,价格传导就是指上游产品价格变化引起下游产品价格的同向变化。比如说石油涨价导致汽油涨价,进而交通运输价格跟随上涨。要分析工业生产者出厂价格指数(PPI)与CPI之间的传导关系,首先要了解他们的传导链条。

PPI向CPI传导的链条

根据价格传导规律,整体价格水平的波动一般首先出现在生产领域,然后通过产业链向下游产业扩散,最后波及消费品。从PPI和CPI的关系看,PPI反映生产领域价格水平变动情况,CPI反映消费领域的价格水平变动情况,PPI居于CPI的上游,PPI的变化将引起CPI相应的变化。一般而言,PPI向CPI传导路线有两条:一种是以农产品为原料的轻工业产品→食品→CPI;另一种是工业基础原材料→中间产品→最终产品→CPI。

如何看待PPI向CPI的传导

在实际运行中,PPI向CPI的传导往往不是及时的、完全的，有时会出现背离。之所以出现这种现象，主要有四个方面原因：

一是CPI和PPI测度领域不同。CPI描述了消费领域价格变动情况，是反映一定时期内居民消费商品及服务项目价格变化趋势和变动幅度的相对数，可分为食品、工业消费品和服务三类。PPI描述了工业生产领域的价格变动情况，是反映一定时期内工业企业产品第一次出售时价格变化趋势和变动幅度的相对数，可分为生产资料和生活资料。PPI对CPI的传导，主要是生活资料价格变动对CPI传导的影响。而PPI中，生活资料所占比重约为四分之一，因而PPI与CPI调查内容的相交部分在CPI中并不占主导地位。

二是CPI及PPI变动的影响因素不同。由于两者调查内容上的区别，也导致了价格变动的原因有所不同。总体上看，CPI走势受消费品和服务等价格变动影响，而PPI走势主要由输入型通胀和国内投资周期决定。例如，2023年，CPI比上年上涨0.2%，其中，服务价格上涨1.0%，涨幅比上年扩大0.2个百分点，影响CPI上涨约0.40个百分点。而2023年PPI比上年下降3.0%，其中受国际市场因素影响较大的石油、有色金属等6个行业合计下拉PPI约1.51个百分点，占总降幅的五成多，是PPI下降的主要因素。

三是CPI中的工业消费品与PPI中的生活资料走势基本一致。从调查口径上看，CPI中的工业消费品与PPI中的生活资料较为接近。从数据看，2023年，CPI中扣除能源的工业消费品价格比上年下降0.2%，PPI中的生活资料价格下降0.1%，二者走势基本一致。

四是国内供求总体平衡。我国已告别短缺经济的时代，商品供应基本有保障。当产品供给过剩或基本平衡时，生产者通常首选的是内部挖潜，消化成本，其次才是成本转嫁。这就使得PPI向CPI传导面临一定障碍，传导效应被弱化。

综上所述，PPI、CPI走势既相互联系又具有相对独立性，在多种原因的制约下PPI的变动不会完全传导到CPI。

【拓展阅读】

CPI背后的秘密，这么多年你居然不知？（2021年8月刊发于统计微讯）

带你了解经济的“体温计”——PPI（2022年8月刊发于统计微讯）

52. 商品住宅销售价格指数如何反映新房和二手房市场情况?

商品住宅销售价格是在市场供求条件、宏观经济政策、区域发展等多重因素的影响下形成的,具有周期性、季节性、结构性波动的特点。为全面了解和掌握相关城市商品住宅销售价格的变动情况,满足国家宏观调控房地产市场需求,国家统计局编制并按月对外发布70个大中城市商品住宅销售价格指数(HPI)。HPI通过指数的形式来反映房价在不同时期的涨跌幅度。

为了使得HPI指数能够充分反映新房和二手房市场情况,国家统计局在HPI编制上从以下几个方面着手:

70个大中城市和范围上,选取我国70个大中城市的市辖区,不包括县。调查城市包括直辖市、省会城市、自治区首府城市(不含拉萨市)和计划单列市(共35个),以及其他35个城市。

商品住宅销售价格调查分类上,按照房屋交易属性,目前我国商品住宅销售价格调查分为新建住宅和二手住宅两大类。在新建住宅类和二手住宅类下面,又均设立了 90 平方米及以下、90—144 平方米、144 平方米以上三个基本分类。

商品住宅销售价格数据来源上，新建住宅销售价格基础数据来源为各城市房地产管理部门的网签数据；二手住宅销售价格调查，按照房地产经纪机构上报、房地产管理部门提供与调查员实地采价相结合的方式收集基础数据。同时收集二手住宅网签备案数据，借助成交套数和面积等资料辅助研判房地产市场价格形势。

目前发布的 HPI 指数包括环比指数、同比指数和 1—X 月平均指数，涵盖新房和二手房。70 个城市分别编制此三类指数。通过不同类型指数，从不同角度反映新房和二手房市场变动情况。具体来看，环比指数是本月价格与上月价格相比较的价格指数，反映相对于上月，本月价格变化方向和程度。如某城市环比指数为 100.2，则表示该城市本月价格比上月上涨了 0.2%。同比指数是本月价格与上年同月价格相比较的价格指数，反映相对于上年同月，本月价格变化方向和程度。如某城市同比指数为 99.5，则表示该城市本月价格比上年同月下降了 0.5%。1—X 月平均指数是本年 1 月到 X 月的平均价格与上年同期平均价格相比较的价格指数，反映相对于上年同期，本年 1 月到 X 月的平均价格变化方向和程度。如某城市 1—X 月平均指数为 102.5，则表示该城市 1—X 月平均价格比上年同期上涨了 2.5%。

【拓展阅读】

"漫说"房价调查之如何挑选调查对象?(2023 年 8 月刊发于统计微讯)

53. 我国如何从“人口红利”向“人才红利”转变?

作为人口大国,我国有着人口规模优势和超大规模市场优势,人口红利也是我国发展的巨大优势与重要机遇。近年来,我国人口文化素质不断增强,劳动力质量明显提升,人才红利持续显现,成为推动我国经济高质量发展和社会进步的重要优势。

一是劳动年龄人口减少,但劳动力规模依然庞大

新中国成立后,伴随着全国人口总量持续递增,我国劳动年龄人口规模也在不断扩大。虽然近年来我国劳动年龄人口总量有所下降,但我国仍然是世界人口大国,仍有 14 亿以上的庞大人口规模,其中 16—59 岁劳动年龄人口有 8 亿多人,劳动力资源依然丰富,人口红利仍然存在,庞大的劳动力总量将继续推动我国经济发展和社会进步。

二是人才红利支撑作用增强,逐步向人力资源强国转变

新中国成立之初,我国人口素质基础薄弱,全国

80%的人口是文盲,学龄儿童入学率只有20%左右。新中国成立后,特别是改革开放后,党和政府十分重视教育事业,实施教育优先发展战略,我国人口受教育程度有了质的飞跃,人才队伍结构持续优化,人才发展红利加快释放。2023年,我国劳动年龄人口平均受教育年限达到11.05年。目前,我国人力资源开发水平已步入中等偏上国家行列,全员劳动生产率逐年提高到2023年的161615元/人。

三是劳动力健康状况不断改善,为经济发展提供高效支持

随着医疗卫生事业改革发展,我国人口身体素质明显提高,总体上优于中高收入国家平均水平。2020年,我国人口预期寿命达到77.93岁,比2010年提高3.1岁;我国婴儿死亡率和孕产妇死亡率也分别下降至5.4‰和16.9/10万。劳动力健康水平提升,有利于人才红利和人口红利作用的有效发挥。

综合来看,我国劳动力资源丰富,居民受教育程度和健康水平稳步提升,人口红利依然存在,人才红利逐步显现,全面建设社会主义现代化国家具有充足的人力资源保障。

54. 如何看待采购经理指数(PMI)数据?

采购经理指数(Purchasing Managers' Index,简称PMI)是通过对企业采购经理的月度调查结果统计汇总、编制而成的指数,涵盖企业采购、生产、流通等各个环节,是国际上通用的监测宏观经济走势的先行性指数之一。

PMI 的编制方法与作用

PMI 的编制方法采用国际通行做法,即分类指数采用扩散指数法,综合指数采用加权合成指数法。PMI 取值范围在 0 至 100%之间,50%为扩张与收缩的临界点;高于 50%,表示经济活动比上月有所扩张;低于 50%,表示经济活动比上月有所收缩。PMI 与临界点的距离,表示扩张和收缩的程度。

PMI 是一个综合性指数体系,包括制造业和非制造业领域,由分类指数和综合指数构成。综合性指数反映经济发展的概貌,各分类指数分别反映经济活动中的各个环节变化情况。PMI 的应用主要体现在以下三个方面:一是为宏观经济决策服务。PMI 时效性较强,能够灵敏地捕捉经济发展的拐点，对宏观经济具有突出的预测预警作用。二是监测经济内部结构变化趋势。通过对 PMI 各细分指数的分析，可以从行业、规模和生产经营各环节等不同侧面了解经济变化情况和特点。三是辅助企业经营决策。企业可以通过 PMI 了解宏观经济和行业发展的运行态势，及时调整生产计划，制定符合企业长期发展需要的战略规划。

如何使用 PMI 指数

PMI 作为宏观经济预测预警重要指标，对判断短期经济走势具有一定的参考作用，但 PMI 与常规统计指标存在诸多不同，在使用 PMI 研判宏观经济走势时，应把握其内涵和特点进行科学判断：首先，PMI 是环比指标而非同比指标。PMI 是反映月度间变化情况的指标，波动性强，容易受到工作日天数、季节、基数等因素影响，与同比指标相比，数据波幅较大，PMI 更多反映短期经济运行变化。其次，PMI 是反映实物量变化而非价值量。采购经理调查反映的是生产、订单等实物量变化，不等同于产值、收入等反映价值量的常规统计指标。第三，PMI 主要反映经济变动方向。PMI 采用扩散指数计算方法，能及时反映经济变动的方向，但无法直接准确反映经济变化的幅度。第四，PMI 连续趋势重于单月数值。通常情况下，当 PMI 连续数月以上发生同向变化时，应结合其他经济指标相互佐证、全面分析，才能比较准确判断经济运行是否发生了趋势性变化，切忌仅参照单月数据变化研判经济走势。

从历年走势看，PMI 客观反映了我国经济发展的趋势变化情况，并准确监测到宏观经济变化的多个关键节点和变动趋势，对宏观经济具有突出的预测预警作用。特别是在 2008 年国际金融危机期间和 2020 年新冠疫情冲击的严峻复杂形势下，PMI 及时准确捕捉到经济变化拐点，充分表现出先行指标的特点。以 2005—2023 年中国制造业 PMI 的解读为例。2005—2008 年上半年，PMI 始终在扩张区间波动运行，且整体位于较高运行水平，中国制造业经济增长较为强劲。2008 年 7 月，受国际金融危机影响，PMI 首次落至收缩区间，之后于 11 月落至历史次低点 38.8%，制造业经济增长大幅回落。2009 年 3 月，PMI 呈现底部企稳迹象，并连续 32 个月位于扩张区间，中国经济率先走出谷底，稳步回升向好。2012 年，我国经济进入“三期叠加”阶段，PMI 运行区间明显低于前期整体水平，制造业经济总体呈增速放缓走势。2015 年 8 月至 2016 年初，PMI 连续位于收缩区间，制造业下行压力持续加大，之后在供给侧结构性改革的深入推进下，PMI 重回扩张区间，制造业经济运行逐步企稳向好。2020年初，受新冠疫情冲击，PMI大幅波动，2020年2月降至35.7%，为历史低点。2021年末至2022年底，受新冠疫情不断演变、外部环境更趋复杂严峻等因素影响，PMI运行区间明显低于往年，制造业景气水平有所回落。2023年随着新冠疫情防控平稳转段，我国经济持续恢复发展，PMI年均值升至49.9%，高于2022年0.8个百分点，制造业景气水平有所回升。

【拓展阅读】

如何看待经济先行指标PMI?（2022年3月刊发于人民网）

走进塞上江南 共赴一场PMI调查之旅（2024年1月刊发于统计微讯）

欢迎关注国家统计局官方新媒体账号

国家统计局新媒体平台包括微信公众号“统计微讯”、微博@中国统计、头条号“国家统计局”及抖音号“统计微讯”。新媒体平台以及时发布统计数据、权威推送统计解读、有趣讲述统计知识、广泛普及统计工作为定位，不断增强时效性、便捷性和互动性，努力为大家提供优质统计信息服务。欢迎扫描下方二维码，关注国家统计局新媒体账号，获取更多更有趣的统计信息。

统计微讯　　@中国统计

头条号“国家统计局”　　抖音号“统计微讯”